夢中力

堀江貴文　野村克也

光文社新書

はじめに ～本書のコンセプト

プロ野球界で、選手として三冠王、監督として日本一３度の功績を残した野村克也さんが亡くなられたのは２０２０年２月。亡くなられたちょうど１週間後に対談をして、書籍化する企画が進んでいただけに残念で仕方なかった。

実は、僕が野村さんと初めて会ったのは、04年「球団買収（近鉄バファローズ）」をはじめとする「プロ野球界再編」騒動のとき。

僕たち「仙台ライブドアフェニックス」は球界への「新規参入」に手を挙げた。ロジャー・クレメンス投手（当時・アストロズ＝メジャー・リーグ通算３５４勝）も六本木ヒルズに来て「一緒にやろう！」と言ってくれていて、獲得の手はずを整えていた。
そんなプロセスの中で、野球関係者から「監督候補」として野村さんを強く推薦された。もう、いまはなき赤坂プリンスホテルのスイートルーム。2人で3〜4時間、極秘裏に会談した。

野村さんと僕。一見、かみ合いそうにない「ミスマッチ」な2人。だが、僕の本をつくったことがある編集者、僕の本を15冊以上読んだ野球記者は、口をそろえて言う。

「2人とも情報やデータを活用して、合理的です。言葉の表現こそ違えど、『思考の方向性』は驚くほど合致していますよ」

僕は寝食を忘れて、好きなことにはまる。全身全霊をそこに捧げる。すべてを捨てて「夢中」になる。普通の人はすべてを捨てない。

野村克也さんもそうだったと聞いている。そこが最大の「共通項」だ。野村さんはここ数年、サインを頼まれるとこう書いたそうだ。

「野球《しごと》に学び、野球《しごと》を楽しむ」
「野村克也－野球＝0」

確かに、言葉や分野は違っても、言わんとすることは僕と同じだ。本書ではそれらの「共通項」を、さまざまな実体験に基づくエピソードとともに、お互いの「相違点」もまじえながら列挙していく（その中には、「赤坂会談」時の話も当然ある）。
物事にはまって「夢中」になれば、大きな「力」が生まれるのだ。

目次 CONTENTS

第6章「カネ」の巻

1. 野村克也という英才

極秘裏に会った第一印象は「知性」

「野村克也氏をぜひプロ野球の監督に復帰させてもらえないか」

野村さんは２００１年シーズンを最後に阪神タイガース監督を退任したあと、「シダックス」というカラオケや給食事業を展開する企業の野球部監督に就任した。アマチュアの社会人野球界で、実質1年目の03年に「都市対抗野球」ですぐさま全国準優勝を遂げるなど、さすがの手腕を発揮した。

そのシダックス・志太勤会長のルートから依頼を受けたのだ。

また、野村沙知代夫人経由でも強力にプッシュされた。

当時、僕は32歳。野村さんは69歳。決して軽く見ていたわけではないが、世間一般の感覚では、もう「ご老人」といった年齢。だが、「知将」や「戦略的な人」という評判通りに、実際に会ってみると明晰な頭脳に舌を巻いた。

例えば僕がトークイベントの企画を依頼され、共演するゲスト候補の提案が主催者側からあった場合、相手がどんなに有名でも「この人バカなんだろうな」と思ったら、僕は絶対対談したくないので、はなからお断りする。

正直に言えば野村さんとお会いする前も、「30分ぐらいで話を切り上げて帰ろう」と内心考えていた。**ところが、「物事の本質」を見極める視点、理路整然とした話の進め方。具体的にどの話の内容がどうだったということよりも、すべてにおいて「超一流」を感じた。ついつい引き込まれて、気がつけば3~4時間が過ぎていた。**

ビジネスの世界や学者の世界には、頭のすごくいい人がいるが、

「プロスポーツの世界でもこんなにすごい人がいたら、そりゃ結果が出るよな。だから選手として監督として、比類なき成績を収めたんだろう」

感動すら覚えた記憶がある。

昔は根性と体育会系がバリバリに幅をきかせていた。そんな時代に野村さんのよう

な知性あふれる人が日本球界に出現した。

「王貞治、長嶋茂雄が向日葵《ひまわり》なら、私は野に咲く月見草だ」

勝負の世界は、光があれば陰もある。控えめに語った野村さんが、ＯＮ時代を陰で支えたからこそ、現在の隆盛を誇るプロ野球が成立したのだと思う。

テレビではなく漫画で有名に

野球漫画『グラゼニ』で有名な漫画家・森高夕次さんとの対談時、こんな話が出た。

「野村克也さんを有名にしたのは、野球漫画『あぶさん*』ですよね」

「巨人・日テレ・長嶋時代」にテレビ中継されるのは巨人戦だけで、野村さんがプレーイング・マネージャーを務めた南海ホークスのことは、あまり知られていなかった。

＊ 作・水島新司氏。１９７３年から２０１４年まで『ビッグコミックオリジナル』（小学館）誌上で、日本で最も長く連載されたスポーツ漫画。南海からソフトバンクまで一貫して「ホークス」主体で描かれ、野村克也氏がたびたび登場した。

いまでこそ、例えばマツダスタジアムに行けば、〝焼肉シート〟といった観戦をさらに楽しくする工夫が施されている。［注：ＭＡＺＤＡ　Ｚｏｏｍ-Ｚｏｏｍスタジアム広島／エバラ黄金の味パーティーグリル］

でも、かつて南海ホークスがホームグラウンドにした大阪スタヂアムの外野席では、おじさんたちが本当に七輪を持参して焼き肉を食べ、酒を楽しんだ。観客が少なすぎて、居酒屋状態になっていた（笑）。そんな中でよくプレーできていたなと思う。

一見、非合理的な「カメ理論」

【ある野球記者の話】

野村監督（周囲はいまなお敬意を表してこう呼ぶ）は入浴中に亡くなりました。聡明なかたで84歳でしたが、最後まで思考は研ぎ澄まされていました。

3歳のとき父親が戦死。家が貧しく高卒だったのですが、逆にそれをエネルギー源にし、熱心な読書家でした。だからチームを強くしたと有名な「野村ミーティ

ング」で、大学院レベルの組織運営・管理の内容をかみくだいて選手に教えていました。そういう意味で、マネジメントに明るい堀江さんと相通じるものがあったのでしょう。

沙知代夫人が亡くなって約2年、寂しそうにしていたのは確かです。ただ、「ワシはもう生きる気力がない」といった、ネガティブなグチやぼやき自体は昔からのこと。どこまで意気消沈していたのかは推し量れない面もありました。

しかし、インタビューはじめの「お約束」だった**「サッチーに対するグチ30分」**は影を潜めました。グチはやはり愛情の裏返しだったのです。

野村監督には**「カメ理論」**という独自の持論がありました。「カメが長生きするのは激しい動きをしないでジッとしているからだ」。だから45歳で選手引退後、まったく運動をしませんでした。そしてここ1~2年は、車いすを使う姿が多く見られました。

代名詞が「月見草」とはいえ、50代のヤクルト監督就任時は血気盛んで迫力満点でしたが、80歳を越えてからは好々爺然として、みんなに好かれる人気者。だから野村監督の発する「言葉の重み」はさらに増していました。
野球が大好きで、野球の話を始めたら止まらない。「野村克也－野球＝0」と自らを評したほど。野球界は、野村監督が亡くなって改めてその存在の大きさを痛感しています。

おしどり夫婦だっただけに、沙知代さんが亡くなってからは僕も心配していた。沙知代夫人が実際にどんなかただったかはともかく、野村さんの言葉を受けて言わせてもらうなら「面倒くさい人」の存在は、脳を活性化させる。

特に「65歳以上で社会的地位が高い人」は、そうでない人より8年ぐらい余計に長生きするという研究結果がある。

「65歳以上で社会的地位が高い人」とは、どこそこの社長さんではなく、町内会長とかマンションの管理組合長とか。要するに「面倒くさい住民」に対応せざるをえないので、やはり頭を使わなければならない。

その意味でも「サッチー」は貴重な存在だった。それこそ野村さんが亡くなったあとに報じられた、プロ野球選手やプロ野球記者のコメントにもあったではないか。
「野村監督は『女房のせいで監督を2度もクビになったのはワシぐらいだろう』と語っていたが、一連の『サッチー騒動*』を楽しんでいるフシもあった」と。

「新しい人」たちと会うとき、自分をいろいろ繕ったり会話を合わせたりするため、頭を使う。それをやらないと、人間は衰えていく。

人は年をとると考える意欲がだんだん薄れていくから、同じ世代で親しいヤツとしか行動しなくなる。でも、年をとればそんな仲間でさえだんだん死んでいってしまう。

自分のコンフォートゾーン（快適な空間）が狭まり、最後は誰もいなくなって寂しさの中でこの世を去る。**その意味でも配偶者を亡くすというのは人間にとって大きな節目である。**

僕も祖父、祖母が3年前、2年前に立て続けに亡くなってしまった。2人とも94、95

＊ 1977年末に「沙知代夫人が現場介入（選手起用に口出し）した」との理由で南海監督職を解かれ、2001年末は「沙知代夫人の脱税容疑による逮捕」で、阪神監督を辞任。

歳でずっと元気だったのに。元気だったほうの祖父が先に亡くなってから、張り合いがなくなったのか祖母も1年後に亡くなった。

だから、夫婦で添い遂げるのは必ずしもいいことなのかどうかわからない。

どちらかが先に逝くわけだから、依存し合って生きていたら、絶対そのあとの孤独に耐えられないと思う。そうなる前に、できるだけ多くの人と交流を深めておいたほうがいい。

僕は1月に「臍《さい》ヘルニア」の手術で入院して思ったものだ。

「高齢で手術入院したら、動きたくなくなって寝たきりになる。モチベーションが低い人や、生きる執着心が希薄な人はなおさらだ」

野村さんはここ最近は車いすを使用していたそうだが、人間は二足歩行する生き物なので、歩けなくなるとつらい。足腰が立たなくなると、動くのが億劫になって急速に衰えていくようだ。

足腰はふだんから鍛えておいたほうがいい。僕はゴルフが趣味。知らぬ間に歩くし、80歳でも90歳でもプレーできるから。

2. 04年「日本プロ野球界再編」騒動を振り返る

地域密着ホークスのビジネスモデル

04年の「日本プロ野球界再編」騒動――「2球団減らして1リーグ制に移行」か、「12球団のまま2リーグ制を維持」か、大きく揺れ動いていた。

かつて、国税庁長官が「職業野球団に対して支出した広告宣伝費等の取扱について」の通達をした（１９５４年＝昭和29年）。

この通達の中で、球団経営で生じた赤字を親会社の広告宣伝費として損金扱いすることが認められた。これがプロ野球チームの慢性的な赤字体質を招き、２０００年代まで延々と当たり前の感覚で続いた。この傾向は特にパ・リーグ球団で顕著だった。

それが遂に持ちこたえられなくなり、あの「球界再編」騒動勃発に至ったのだ（詳しくは２２０頁で後述）。

あの球界再編の04年当時、広島カープの売り上げは約60億円。うち、巨人戦の「テレビ放映権料」が約14億〜15億円。「入場料」と「グッズ」の売り上げを全部合わせても30億円に届かないぐらいだった。

それが、15年後の19年は何と売り上げ2倍。「年間予約席」が買えないほどに人気沸騰。毎試合の「入場料」に、観客が購入する「グッズ」「飲食代」が付随する。さらに「放映権料」と「スポンサー収入」が加わる。

しかし、僕は当時からこの活況を予見していた。なぜなら、福岡ダイエーホークス（89年〜04年）を知っていたから。僕は福岡出身で、91年に大学進学で上京したが、何かの折に地元に帰省すると、親戚の子どもがみるみるうちにホークスファンになり、ホークスの帽子をかぶっていた。気がつけば大人気チームになっていたのだ。

「リクルート事件」で江副浩正さんが放出した株を、ダイエーの中内㓛会長が引き取って、南海から球団を買収。そのとき、リクルート出身の高塚《こうつか》猛《たけし》氏が球団社長として送り込まれた。

安比《あっぴ》高原リゾートホテルを建て直して「再生請負人」と呼ばれた高塚さんは、**球団・福岡ドーム・ホークスタウンのいわゆる「福岡事業の3点セット」を打ち出したり**、地域密着の観点から地元商店街に「ロゴマークの著作権フリー」での使用を認めたりした。さらには九州中の旅行会社と組んで「ダイエーホークス応援ツアー」を企画。現在でこそ「スポーツツーリズム」は定着しているが、当時としては斬新なアイデアを連発した。

地元・福岡はもちろん、九州中のテレビ局に、必ずダイエー戦を放映してもらう。球場は連日満員だったから、球場に行けない人たちも毎日テレビで観られる。結果、視聴率も格段にアップし、テレビ局も喜んでどんどん放映するという好循環。活況を呈していたわけだ。

そんな球団経営の手腕を発揮した高塚さんに僕は懇意にしていただいた。

かつては突然思い立って「今晩誰かと一緒にダイエー戦を観に行きたいな」といったノリになっても、それっきり。だが、人気が拡大し始めたこのころはちょうどガラケー（携帯）が普及し、メールで簡単にアポが取れるようになっていたことが実に大きかった（97年ごろから）。もう一歩技術が進んでＳＮＳで拡散できるようになると、さらに事態は加速するだろう、と。「地方の時代の到来」が予感された。

現在、僕はロケット基地を北海道広尾郡の大樹町に置いている。規模はそれほどではないにせよ、「宇宙のまちづくり」を標榜し、何より町全体が応援してくれる。

このロケット・プロジェクトを始めようとしていた当時はまだＳＮＳがなく、僕らは基地になりうる場所を人づてで探していたのだが、なかなか探し出せなかった。逆に、大樹町サイドは宇宙ビジネスを誘致していたが、田舎の人はアピール力がないから、僕たちまで声が届かない。

競馬の世界ではよく知られている「大樹ファーム」という競走馬の生産牧場があり、タイキブリザードとかタイキシャトルとかＧ１馬を輩出するほどだったが、ロケットとつながるまでには時間を要した。

「あ、この大樹って、競馬の大樹ファームのところだ」

インターネットが生まれてメールが使われ、次にＳＮＳが出てくるというところまでは僕は予期できた。インターネットが携帯でできるようになるのはわかっていたし、通信容量が上がればスマホで動画を見られるようになるのももちろんわかっていた。そう考えれば、現在の広島カープのように、「仙台ライブドアフェニックス」を成功させるのは絶対に可能だし、自信があった。

プロ野球界への「新規参入」ルールを透明化

当時、ライブドアはＩＴ企業の中ではまあまあ有名な存在で、僕が講演に呼ばれて行くと、ダイエーホークスの人に冗談とも本音ともつかない口ぶりで言われた。

「ウチの球団を買ってくれませんかね」

２球団減らして１リーグ制に移行――プロ野球界は「球界再編」に向け、動き始めていた。

（ダイエーホークスは無理だけど、近鉄バファローズだったら買えそうだ）

「近鉄本体が大赤字のバファローズを手放したがっている」

そんな情報を得て、三菱証券（当時）経由で近鉄にアポを取った。

いざ会おうとしたら、近鉄バファローズとオリックス・ブルーウェーブとの合併話がすでに水面下で進行していて、ほどなくまとまってしまった。

しかし「2球団減らして1リーグ制に移行」案が消滅し、今度は「12球団のまま2リーグ制維持」案へ方向転換となった。近鉄がオリックスに吸収合併されて1球団減った分、新球団設立の必要性が生じたのだ。

当時、古田敦也さん（ヤクルト）が「プロ野球選手会長」を務めていた。そのプロ野球選手会の弁護士を通じて、現在のＹａｈｏｏ！や楽天、そしてライブドアなどＩＴ企業に、球団経営の話が持ちかけられていた。

そこで、僕たちは新球団「仙台ライブドアフェニックス」としてプロ野球界に新規参入するべく、改めて手を挙げることになった。

その過程で、野村克也さんとお会いしたのである。

さて、それまでの新規参入は、しばしば「アンダー・ザ・テーブル」のようなやり方で決められていた。球界の盟主は巨人（読売）なので、読売の発言に誰も逆らえなかった。巨人のテレビ放映権料、日本テレビのCMスポンサー収入につながるかどうかが最優先課題だったのだ。実際、「巨人、日テレ、長嶋茂雄」のビジネスモデルで、プロ野球界は発展を遂げた。

ナベツネさん（渡邉恒雄＝現・株式会社読売新聞グループ本社代表取締役主筆）の知人に言われた。

「ナベツネさんに会っておけよ」

しかし僕は「オープンでやらなきゃいけないですよね」という気持ちになり、一石を投じようとしたのだ。

結局、新規参入球団は「仙台ライブドアフェニックス」ではなく、「東北楽天ゴールデンイーグルス」に決まった。

あのとき、ナベツネさんにあいさつに行ったあと球団買収を公表していたら、大丈夫だっただろう。楽天もソフトバンクもそうして翌05年から球界参入を果たしている。

でもあの場面では、「12球団維持」は最低限として、「エクスパンション（球団拡張）」をするべきだった。「福岡ダイエーホークス」が人気を得たことを見れば明らかだ。

現在のメジャー・リーグの発展が、幾度ものエクスパンションにより、他のプロスポーツとの競争に打ち勝ってきたことを証明しているではないか。球団数を増やせば、マーケットは拡大するのだ。

球界関係者が足で稼ぎ、現場や市民の意見をきちんと聞いて分析していたら「物事の本質」はわかったはず。これについては改めて後述する（226頁）。

ただ、僕がやったことで、いまでも唯一よかったと思っているのは、プロ野球界への「新規参入」のルールを「透明化」したことだ。*

「言葉」は、人材育成の「武器」であり「道具」

「感度と知性の豊かな言葉が、読者の心に響くから」

野村さんや僕に、求心力がある理由を、編集者や野球記者がそう分析した。

——「『言葉』とは、人材育成のための『武器』であり『道具』である」

それが野村さんの「言葉」に対するポリシーらしい。

対する僕は「言いたいことを言っている」だけだ。

ファッションみたいなものだと思う。たぶん僕の言葉の意味なんて、読者は1割も理解していない気がする。ただ、僕は結構しつこいので、うまくいくまでやる。**少なくとも「物事の本質」をつかんでいない言い方はしない。**

野村さんは、みんながフワッとやっている当たり前のことを、当たり前と思わない。みんなが見ていないものを見ている。未来を予測しているわけではないが、ロジカルに考えて「こうだろうな」と推論する。「物事の本質」をきちんとわかっていたんだと

＊　日本野球機構に対して「預り保証金」など30億円が必要なことをはじめ、新規参入のルールがプロ野球ファンに対して明らかになった。

思う。

だから、最下位チームの監督を何度も引き受けて優勝できたんだろう。

野村さんの「ID野球」（Important Data＝データ活用・重視）という概念を掲げ、データなり情報を収集してプレーに生かした野球界最初の人。まだ『マネー・ボール』*のような本もなかったし、トラディショナルな手法でやっていたのだろう。

野村さんの理論を、うまい具合に現代にアジャストさせると面白いかもしれない。ファンの集客しかり。**野村さんを追悼した僕のユーチューブ動画視聴回数が48万。やはり関心は高かった。**そういう対談ができればよかったのだが……。

「物事の本質」を見抜く方法は「夢中力」にある

「本質を見抜くためには、やはり勉強が必要ですよね」

僕はそう聞かれることがある。逆に言うと、みんなが同じことをやっているわけだし、自分の中では普通にやっていることなので、なぜ本質がつかめないのかがわからない。

例えばインターネット。その概念が提唱されたのは１９８２年。

Eメールはキラーアプリだけど、世界中の人たちとやり取りをする必要もない。

そこにバイト先で「Ｗｅｂ」を知った。

「ワールドワイドウェブっていうのが最近盛り上がってますよね」

ホームページのことだ。情報をあんなに簡単に取ってこられるのは衝撃的だった。

その後93年、僕より1歳上、マーク・アンドリーセンという人が22歳ごろからブラウザである「モザイク」と「ネットスケープ」をつくった。

その時代、たぶん何千人、何万人という人が僕と同じような体験をしているだろう。

あのころ起業していたら、2人に1人ぐらいは大成功していたと思う。同じ体験をしていても、ほとんどの人はそうなっていない。

＊ アスレチックスのGMビリー・ビーンが「セイバーメトリクス」と呼ばれる統計学を用いて、弱小球団を強豪チームにつくり上げていった実話。03年書籍化、11年ブラッド・ピット主演で映画化された。

三木谷浩史さん（楽天株式会社創業者）にしても、藤田晋君（株式会社サイバーエージェント社長）にしても、「インターネットって儲かりそうだ」という感じで参入してきて、たまたまIT革命にぶつかった。

だが、僕は「もうこれしかない！」と思った。頭の中はもうそればかりになった。

僕は新しいこと、面白いことが好き。何がその核となるポイントになっているのか知りたくなる。とにかくハイパーリンクってすげえなと思った。例えば1つのページでもアメリカから来ている写真と日本で書かれたテキストデータがすべて同じ場所に表示される。しかもリンクになっていて、クリックすればその先のリファレンス（参照）につながっていく。

それが出てきたことによって世の中が一変すると思った。その延長線にはせるイマジネーションがたまらなかった。

だから、「何でそこが見抜けるんですか？」と言われても、「いや、見抜くでしょ」としか言いようがない。

一番のポイントは、寝食を忘れてはまることだと思う。すべてをそこに捧げる。当時、僕と付き合っていた彼女はマジで悲惨だったはずだ。僕がネットばかりしているから。

「ヤベッ、きょうデートだった……」

携帯は普及していなかったし、連絡する手段がない。デートの約束に3時間遅刻したり、スッポかしたり。美容室にも行かないから髪も伸び放題。

僕は寝食を忘れて、1つのことにはまった。全身全霊をそこに捧げた。すべてを捨てて「夢中」になった。普通の人はすべてを捨てない。

物事にはまって「夢中」になったから、大きな「力」が生まれたのだ。

第1章
「情報」の巻

堀江＝答えはインターネットにある

野村＝データ重視の「ID野球」

夢中力

1

人生を決めたインターネットとの「運命的な出会い」　堀江

ファンレターに「ピッチャーのクセ」を見破る大ヒント　野村

堀江　いまさらながら、野村克也さんは選手時代に「三冠王」、監督としては「リーグ優勝5度、日本一3度の名将」。王貞治さんや長嶋茂雄さんと並び称せられるプロ野球界屈指のレジェンドだ。

今回、僕と野村さんとの共通項を考察することが、読者にとって必ずや有益な機会になると確信している。

野村さんのことは改めて編集者や野球記者から聞いている。

「一見かみ合うところがなくて『ミスマッチ』のようですが、その実、『思考の方向性』が驚くほど合致していますよ。それを集めると絶対面白い。

まず「ＩＴ」と「ＩＤ」。お互い、情報やデータを活用するところ。
ＩＴ（Information Technology＝情報技術）と、
ＩＤ（Important Data＝データ活用・重視）野球ですね」

改めて僕がＩＴ業界に足を踏み入れた「きっかけ」を話そう。小学校5年生（83年）のときに公開されたアメリカ映画『ウォー・ゲーム』でコンピュータのことを知り、中学合格祝に日立のパソコンを両親に買ってもらったのが始まりだ。

さらに中学2年生のとき両親に20万円を前借りし、新聞配達で得たお金での返済を約束して、2台目のＮＥＣパソコンを購入した。その後、大学時代の94年、コンピュータ系ベンチャー企業でアルバイトを始めた。

「ウチの会社のホームページをつくってほしい」

仕事先で依頼されて出会ったのが、黎明期の「インターネット」だった。何のことか全然わからなかった僕は、書店で関連本を買い漁り、貪るように読んだのだ。

「近い将来、インターネットが全世界に革命を起こす！」

そう直感して大興奮で手が震えたのを、いまでも鮮明に覚えている。それからほどなく、大学在学中に起業した。


野村　私が「データ」に接したきっかけ。プロ4年目にホームラン王となり打率3割を打ったあと、打率2割5分前後で2シーズン低迷。プロ野球選手にとって「打率3割」を打てるか否かは雲泥の差です。

　プロ野球には「選手の給料査定係」の役割の人がいて、その尾張久次さんというかたが、毎試合の流れをまめにスコアブックにつけていました。

「相手ピッチャーが自分に投げてきた球種とコースを、毎試合後教えてもらえますか」

いただいた記録を自分で分析すると、驚くべき結果に気づいたのです。

「2ボール0ストライクになると１００％、インコースにシュートが来ない」

（そのカウントではアウトコースにヤマを張れる。来る球がわかれば打てる！）

もう1つ。私のファンだというお医者さんが、「最後の4割打者」テッド・ウィリアムズ（レッドソックス。41年打率・４０６、三冠王2度）の著書『打撃論』を、ファンレターと一緒に送ってきてくれました。

差出人の名前も住所も書いてない。コピーがない時代だからガリ版刷り。しかし、その中のさりげない一文が野球人生を変える「大ヒント」になったのです。

「ピッチャーはキャッチャーのサインを見終わったとき、ストレートを投げるか変化球を投げるか決めている。よく観察すると小さな変化になって出ている」

目から鱗が落ちる思いでした。「変化」とは、要は球の握りや投球フォームの「クセ」のこと。

昔はグラブで球の握りを隠していなかった。両手を離したまま投球モーションに入っていたので、球の握りが丸見え。つまり、注視すれば投げる球種がわかったのです。

——人間は覚える能力もあれば、忘れる能力もある。だから、自分が野球をやっていく上で生きる情報は、メモを取ってデータとして残しておこう。

そう決意しました。

結論 **堀江の「IT」と野村の「ID」。語呂はともかく、両者の原点は「情報やデータの徹底活用」。**

2

堀江　大チャンス「桃太郎の桃」のつかみ方
野村　まず自分が変わる。「宿命」は変えられないが、「運命」は変えられる

堀江　僕は「チャンスをつかみ取ること」を、よく昔話の「桃太郎」にたとえる。

川に洗濯に行ったお婆さんは、上流から流れてきた「大きな桃」をつかみ取って、家で割る。桃から生まれた桃太郎は、鬼退治に出かけ、宝物を家に持ち帰る。

言わんとすることは、「チャンス」は万人に平等に流れてくるという考え方。「1日24時間」が全人類に共通するのと同じだ。

お婆さんは、チャンスを秘めた「桃太郎の桃」を、一見怪しいからといって躊躇することなく、入手する。これが大好運を引き寄せた。

「チャンスの見極め方」がわからないとか言い訳するのではなく、とにかく飛びつく。

桃が流れて行ってしまったら、その時点でジ・エンド。

勝負を分けるのは「実行力」と「スピード」だ。勇気を出すというような大げさなことでなく、「ノリのよさ」も大事。僕はそう思っている。

過去に成功している社長さんたちは、いい意味で「バカ」になれる人が多い。逡巡したり臆したりするのではなく、好奇心やチャレンジ精神が旺盛なのだ。

野村さんも、名前も知らない人の手紙を読んだおかげで「打撃開眼」したわけだ。ファンレターを手にしてからの野村さんの「情報の取捨選択」「目のつけどころ」は素晴らしい。でも、まずは「桃をつかみ取る」ことから始まった。

野村　南海ホークスの独身寮に送られてきたファンレターには「甲子園のそば、西宮在住の医者」と書いてあるだけ。それ以外の素性はわからなかったので、その後、そのお医者さんとは会えませんでした。

私は、監督としては僭越ながら「野村再生工場」「再生の達人」の異名を頂戴しました。何らかの能力があるからこそプロ野球界に入ってきているわけです。だから、私は結果が出ない選手に対してこんなアドバイスをします。

「同じことをやってきて何も変わらなかったのだから、試しにまず自分の何かを変えてみないか。手始めにまず使っているバットの型を変えてみろよ」

言わば「意識改革」ですね。道具を変えるということで、まず心機一転につながる。同時に、最適の道具を使用することが、技術的にも能力開花のきっかけになるのです。

インドにこんなことわざがあります。

「考え方が変われば行動が変わる。行動が変われば習慣が変わる。習慣が変われば人格が変わる。人格が変われば運命が変わる。運命が変われば人生が変わる」

どんなプロ野球選手にも必ず2度や3度、チャンスはあるものです。でも、チャンスをいつも右から左にやり過ごしてしまう選手もいる。同じことをやってきて何も変わらなかったのだから、たまには違うことを試してみるのもいい。

「宿命」は変えられないが、「運命」は変えられるのです。

【「野村再生工場」の代表的な選手】

・江本　孟紀＝71年東映0勝→72年南海16勝。8年連続2ケタ勝利
・山内　新一＝72年巨人0勝→73年南海20勝。通算１４３勝
・福士　敬章（松原明夫）＝巨人4年間0勝→南海・広島で通算91勝、15勝2度
・吉井　理人＝近鉄93年5勝・94年7勝→ヤクルト95年から3年連続2ケタ勝利
・オマリー　＝阪神94年15本塁打→ヤクルト95年31本塁打、シーズンＭＶＰ
・辻　　発彦＝95年西武で打率・２３８→96年ヤクルトで打率・３３３＝セ2位
・田畑　一也＝ダイエー4年間2勝→ヤクルト96年12勝・97年15勝
・小早川毅彦＝広島→ヤクルト。97年開幕戦で巨人・斎藤雅樹から3打席連続本塁打
・遠山　奬志＝阪神98年11試合登板→99年から63試合・54試合・52試合登板
・山﨑　武司＝中日→オリックス→楽天。07年楽天、39歳で本塁打王・打点王
・鉄平（土谷）＝中日→楽天→オリックス。09年楽天、首位打者

結論　**「チャンス」は、人を選ばず巡ってくる。まず自分が変わってみよう。「宿命」は変えられないが「運命」は変えられる。**

3

堀江「特長」×「特長」＝「レア人材」
野村「代打」×「代走」＝「補欠選手の出場機会」

堀江　「ちょっとだけでも経済を勉強すれば、すぐ売れるよ！」

「それがテレビにたくさん出られる方法？　堀江さん、それホントですか」

僕は、駆け出しの若い女性タレントやグラビアアイドルに聞かれると、よくこうアドバイスをする。

一般的なイメージとして、経済は女性の苦手分野とされる。そこに可愛い女性タレントがアシスタントやレポーターとして顔を出す。視聴者のオジさんは喜ぶし、女性だって「私にもわかりそうだから番組をちょっとのぞいてみようかな」ということになる。番組の視聴率は伸び、タレントの出演機会も飛躍的に増えるわけだ。

「女性タレント」×「経済」＝「出演機会」

そんな公式も成り立つ。

心配することはない。テレビは基本的に録画だ。番組の台本はしっかりできていて、セリフを丸暗記すればいいだけの話だ。

少し前になるが、東京学芸大出身の優木まおみさんが「エロ賢い」をキャッチフレーズにしてブレイクした。

「相撲女子」も好例だ。需要と供給の関係で「レアな人材」は引っ張りだこ。女人禁制とも言われる角界だが、例えば内館牧子さんは相撲好きが高じて「横綱審議委員」になった。最近は蒼井優さんや市川紗椰さんが専門雑誌に登場している。

つまり、「特長」を掛け合わせて「ブルーオーシャン」（競争相手のいない未開拓の市場）を見つければいい。文字通りの独擅場が実現する。「レッドオーシャン（血で血を洗うような競合の激しい場所）」では生き残れない。

いわゆるハイブリッド（複合）というわけだ。僕がやっている和牛料理でも、高級食材をアドリブで掛け合わせ、お客さんに提供している。

料理とは、いわば何かと何かを掛け合わせることだ。「素材」と「素材」、「素材」と「お酒」、「素材」と「調味料」……。

そういえば野村さんの大食漢はつとに有名で、80歳を超えてからも（享年84）、周囲が驚くほどよく食べていたそうだ。和牛も大好きだったとか。

僕がプロデュースする目黒のカツサンドバーの「ヒレカツサンド」を対談時のお土産でお持ちしたかったな、とつくづく思う。

野村　プロ野球の試合で「一軍登録メンバー」は1試合29人。うちピッチャーは13人だから、バッターは16人。バッターのレギュラーが8人だから、控え選手は残り8人。8人のうち、「控えキャッチャー」2人が一般的です。

つまり、レギュラー以外は残された6人の枠を争うわけです。

「補欠」の役割は「代打」「代走」「内野守備固め」「外野守備固め」の4つですが、2

つでも3つでも掛け合わせられる選手が有利なのは、使うほうからすれば言うまでもありません。

ちなみに女性タレントで言えば、ＴＢＳのスポーツ番組「Ｓ☆１」に出演していたこじるり（小島瑠璃子）が私は好きです。セールスポイントは「明朗快活」「目配り気配り」「容姿端麗」ですね。

結論

自らが目立つ方法。他人と差別化を図り、1つの特長で足りなければ、2つ3つと掛け合わせればいい。

4

堀江　「技術」とは、もはや単なる「情報」にすぎない
野村　「来る球（情報）」がわかっていれば「打てる（技術）」

堀江　僕は周囲から「合理主義の権化」だと言われるが、評価してくれた人もいる。1人は東大・船曳建夫名誉教授。もう1人、元ライブドアで現在は実業家のけんすう（古川健介）氏。

「堀江君は、理屈に合わないことには徹頭徹尾、屈しない。大したものだ」

「ライブドア時代の堀江さんは、鉛筆1本買うのにもコスト意識に厳しかったですが、私はパソコンソフトを買っていただきました。**論理的な根拠があればアルバイトの私の意見もしっかり聞いてくれました**」

僕は、和牛を世界に広める「ＷＡＧＹＵＭＡＦＩＡ」を展開している。肉は包丁で

余分な脂肪をそぎ、筋を取って、肉の繊維に沿って切っていく。この作業を「肉磨き」と呼ぶ。

焼肉「牛角」の創業者・西山知義さんは、職人の「肉磨き」を外注にした。若いころマクドナルドのアルバイトで「マニュアル化」を学んだから。肉の仕入れは割高になったけど、「肉磨き」の職人を雇う人件費が浮く。アルバイトだけで店を動かせるようになり、メニューは安価になった。合理的だ。

極端に言えば、動画全盛時代、ユーチューブでも観れば研究できるだろう。**つまり「技術」とは、もはや単なる「情報」になったのだ。**

「ステーキけん」の経営者・井戸実さんも元々は寿司職人。「寿司を握ること自体は簡単」らしい。差がどこで出るのかといえば、「ネタの仕入れ先」「味付け」という「情報」なのだ。

僕は和牛料理を専門的に勉強したわけではないが、その情報は自分で取りにいく。成功する秘訣は、「インプット（情報収集）」したら常に「アウトプット（情報発信）」を心がけること。

イベントでは実際にシェフの格好をして、それまでやってきたこと（情報収集）が正しかったか、お客さんに料理を出し（情報発信）、その反応を観察する。

その間に「考える」「調べる」「試す」という「思考実験」を繰り返して、「価値ある情報」にブラッシュアップしていく。

野村 私は「合理主義者」です。私がプロ入りした54年当時は「精神野球」が全盛でした。当時の私が日々記した「野球ノート」には、「気合だ！」「根性だ‼」ばかり。ときに精神論も大切ですが、ひとたびプロになった以上、技術上達を論理的に学びたかった。

なのに、ビンタや正座は当たり前。それで技術が向上するわけはないし、プロでは代わりの選手はたくさんいるのだから、殴るより交代させればいいだけの話です。いや、実はほんの15年ぐらい前までプロ野球界でも鉄拳制裁が普通にありました。

私は「精神野球」を嫌悪します。私の信条は「理をもって動かす」。理論が足りない監督ほど、暴力や恐怖で選手を動かそうとする。無論、理で動かすには、確固たる信

念や思想を持たなくてはなりません。

だから私は選手を殴らなかったし、情報重視のデータ野球を導入したのです。

いやしくもプロの打者なんだから、スコアラーの分析により「来る球（情報）」がわかっていれば「打てる（技術）」。「技術」とはいまや「情報」なのです。

試合前の打撃練習で、簡単なストレートだけを気分よくカンカン打っているバッターは、練習の意味がありません。

現在のプロ野球は「予告先発」制で、相手先発ピッチャーが誰か前もってわかっている（インプット）のだから、練習でそのピッチャーの決め球の変化球を打っておかなくてはいけません（アウトプット）。本番の試合で、打ちやすいストレートがそう来るわけはないですから。

結論

合理的に考える。「技術」とはいまや「情報」（の質と量）なのだ。インプットした「情報」をアウトプットしてブラッシュアップすれば、技能は高まっていく。

5

堀江　情報を収集するほど精度が高まり「相対的未来」が見える

野村　敵を知り己を知れば百戦して殆《あや》うからず

堀江　僕の小学校時代は「百科事典の訪問販売」が盛んで、自宅にあったその事典の「あ行」から「わ行」まで片っ端から読み続けていった。僕が「情報」を求めるようになった原体験はそこにある。感性を育む「児童文学」ではなかった（笑）。

刑務所に収監されていた2年6か月で１０００冊に及ぶ本を読破した。単純に1日1冊ペースになる。『沈まぬ太陽』（山崎豊子）や『とんび』（重松清）には特に感銘を受けた。

ビジネスにおいて、情報が足りないと恐怖にかられる。恐怖を除去する方法は、徹底した情報収集しかない。「商品知識」「仕入れルート」「市場規模」「損益分岐点」……。

準備に人事を尽くすことがすべてだ。

情報源は人、紙媒体、映像メディア、インターネット、ＳＮＳ。情報が多ければ多いほど、精度は高まる。与えられた24時間でいかに集められるかが勝負だ。

未来には「絶対的未来」と「相対的未来」の2つがあると考えている。

「絶対的未来」は万人に共通する未来。きょうが月曜日なら明日は火曜日、明後日は水曜日という具合に。

一方、「相対的未来」は自分の努力で変えられる未来のこと。情報収集が充実していれば、おのずと他人とは違う未来が見えてくる。

そして、情報の「量」が「質」をつくる。社会や業界の動向が把握できてくれば、次にどんな流行がくるか、見えてくるはずだ。

一般社会において、「たまたま一流企業に入社できただけで、情報収集力に乏しい社員」は以後、当然ながら取り残される危険性が高い。

「この人はなぜこんなに忘れやすいんだろう？　それとも理解力が低いのか？」

僕がライブドアの社長を務めていたとき、よく思ったものだ。

野村　私は選手引退後、師と仰いだジャーナリストの草柳大蔵さんが、手始めに『活眼活学』（安岡正篤）という本を薦めてくれました。

「本を読みなさい、野村さん。言葉は大事です」

片っ端から本を読みました。時には無為に感じられましたが、野球評論家時代の9年間は読書にいそしんだものです。

私の戦いの教科書は、紀元前5世紀ごろの中国最古の兵書『孫子の兵法』（孫武）。

「敵を知り己を知れば百戦して殆うからず」

戦いの勝敗は、天運ではなく人為によるもの。相手を知り、自らのことも把握できていれば、百回戦っても負けることはない。

私の「ＩＤ野球」は、別の表現で「準備野球」とも呼ばれます。どれだけ相手チームの投手と打者のデータを収集・分析できているか。事例の数は10より、１００あっ**たほうがいいに決まっています。**

メジャー・リーグのアスレチックスのビリー・ビーンGMが「セイバーメトリクス

（野球におけるデータ分析）」を用いて弱小チームを強豪につくり上げる様子を描いた『マネー・ボール』。03年発売の本が、11年ブラッド・ピット主演で大ヒットしました。でも私は、その50年も前からデータを活用しているのです。

人は忘れる動物です。それは野球選手とて例外ではありません。すべてデータを覚えているとは限らない。だから、私は同じことをミーティングで何度もしつこいほど伝えたものです。それを試合中に思い出して、プレーに反映されればもうけものです。

野球は失敗のスポーツです。打者は打率3割打てば一流選手だから、7割は失敗。私はよく言う。「失敗は成長の母だ。『失敗』と書いて、『せいちょう』と読む」と。

これぐらいのつもりで臨まないと、特に最近の選手の人材育成は難しいです。

結論

情報の「量」が「質」をつくる。データを豊富に「準備」すれば、おのずと「未来」が見えてくる。だが、人間は忘れる動物。情報を繰り返し伝えること。

第2章
「ブランド」の巻

堀江＝日本の最高学府・東大に入学&退学

野村＝プロ野球の監督を2度辞任

夢中力

6

堀江　東大に奇跡の合格！「ゲーム感覚」で英単語を丸暗記

野村　プロ野球の入団テストで〝ズル〟。50倍の合格率を突破

堀江　出身の福岡・久留米大附設中学・高校は、ジャーナリストの鳥越俊太郎氏らを輩出した偏差値75、九州一の進学校。しかし、僕は中3時点で２０２人中１９９番。

高3春の東大模試は「F判定」、いわゆる問題外の成績。東京に行きたいけど、実家の経済状況からして国立しか許してもらえない。両親は一橋大ではピンとこないし、「地元の九州大に行け」と言われるに決まっている。

消去法で東大しか残されていなかったが、センター試験８００点満点中、７００点は取らないと2次試験に進む前に足切りされる危険性があった。

7月から実質半年の「東大受験合格プロジェクト」を自ら立ち上げた。弱点は英語。

単語がわからないから文法も理解できない。だから、英単語帳で例文を含めた一言一句を確実に丸暗記する作戦に出た。

　大学受験には「4当5落」という言葉がある。睡眠時間が4時間なら合格できるが、5時間だと落ちるという意味だ。

　しかし、僕は1日10時間睡眠を確保。なぜなら睡眠不足で5時間勉強するのと、体調万全で2時間集中して勉強するのとでは、どちらが頭に入るか。

　しかも、人間は睡眠によって「一時的な記憶」を「長期的な記憶」に変換するそうだ。データをＤＶＤに保存するとき、ただのコピーでは消えてしまう。もう1度クリックして「書き込み」しなければ「保存」できない。理屈はそれと同じだ。

「努力」しても高が知れている。「英語が苦手」という先入観で判断せず、**要は目の前の作業に「はまる」こと。「夢中になる」「没頭する」「はまる」。こうして「英単語の丸暗記」は「受験勉強」というより、僕にとって「面白いゲーム」になった。**

　受験勉強、実質半年。現役での東大合格。高校の先生は「奇跡だ！」と叫んだものだ。仮説を立て、実行し、結果を出す。人生において大きな自信になった。

野村　勉強は基本、頑張った分だけ高レベルの学校に入れる。努力が結果に結びつくのは、公平で平等だと思いますよ。しかも、受験勉強は効率がモノを言う。

さて私のプロ入り当時は「ドラフト制度」がない。甲子園に出た有望選手には、監督がスカウトに赴く。それ以外は入団テストです。

私は巨人ファンでしたが、仕事として選ぶのは別問題。自分がレギュラーになれなければ意味がない。私の1年上、超高校級の藤尾茂捕手（兵庫・鳴尾高）が巨人入り。清原和博（ＰＬ学園高→西武）、松井秀喜（星稜高→巨人）クラスの選手でした。

当時は37～38歳ぐらいで引退するプロ野球選手がほとんど。入団テストを受けるにしても、若手の有望キャッチャーがいるチームを避けようと、当時の「職業野球選手名鑑」を見て綿密に策を練りました。そして、南海ホークスの受験を決断。

テスト生は３５０人。私は「打撃」はよかった。「50ｍ走」はギリギリ。問題は「遠投」。キャッチャーとしては肩が弱かった。試験官を務めた河知選手がささやいた。

（向こうからは見えない。ラインのもっと前から投げていいぞ）

合格は7人だけで、私は奇跡的に引っ掛かった。ただ、鶴岡一人監督の姿が見えなかったのが気になった。

「先輩、僕らテスト生出身者は、まだ1年目とはいえ6月になっても2軍戦にすら出られないのですか？」

「やっと気づいたか。テスト合格7人中、キャッチャー4人。お前らはピッチャーの投球練習専門の『カベ』と呼ばれるキャッチャーなんだ」

1年目が終わったとき「クビ」を宣告された。

「クビと言うなら、南海電車に飛び込みます」

南海電鉄の子会社の選手が、親会社の線路に飛び込んだらマズイでしょう。私は3年目にレギュラー奪取、4年目にホームラン王を獲得したのです。

ところで「クビ」に関しては、私は南海、阪神と2度ほど監督を解任されている。

結論

「大学入試」も「プロ野球入団テスト」も、まず合格してこそ意味がある。以後は自分次第で道は開ける。

7

堀江「東大生」という名のプレミアムパス
野村 大卒年収12万の時代、私8万、長嶋200万

堀江 日本の最高学府、東大には1年に約3000人が入学できるが、プロ野球は1年に約100人。東大生と比較しても圧倒的に少ない。そういう意味で、プロの選手は「野球の天才」だ。

一方、「東大生」というブランドは、それだけで世間からの「信用」がある。学生時代にヒッチハイクをするとき、大多数のドライバーは訝しがったので、そういうときは学生証を見せた。

「僕、東大生なんですよ」

「へぇー、乗っていくかい」

インターネットの会社を起業してから営業に行くと、

「僕、東大です」

「優秀だ。じゃあ仕事、任せてみようかな」

まるで「水戸黄門」の印籠だ。そんな「プレミアムパス（希少価値を持つ高級な通行証の意味）」を持ちながら、企業に簡単に就職してしまうんだから、もったいないと思う。企業の初任給は高くても30万円ぐらいだから。

野村 プロ野球界は、ドラフト会議で指名されると、ユニフォームに袖を通せます。1球団6人前後×12球団＋「育成選手」で1年に約100人。「育成選手」というのは企業で言うなら「契約社員」のような感じです。
　東大出身のプロ野球選手は過去6人います。「勉強の天才」なのに、わざわざ入団するのだから、よほど野球が好きなんでしょう。

【東大出身のプロ野球選手】

・新治伸治（都立小石川高、大洋65年）　投手＝88試合9勝6敗
・井手　峻（都立新宿高、中日67年、ドラフト3位）　投手＝17試合1勝4敗
　外野手＝３５９試合12安打
・小林　至（県立多摩高、ロッテ92年、ドラフト8位）　投手＝登板なし
・遠藤良平（筑波大附高、日本ハム00年、ドラフト7位）　投手＝1試合0勝0敗
・松家卓弘（県立高松高、横浜05年、ドラフト9巡）　投手＝14試合0勝1敗
・宮台康平（県立湘南高、日本ハム18年、ドラフト7位）　投手＝1試合0勝0敗

「日本職業野球連盟（現・ＮＰＢ）」が１９３６年に結成されてから、私のプロ入りまで20年弱。**テスト生だった私の年俸は８万４０００円、契約金なし。大卒1年目の年収が約12万円のころです。**

当時は「東京六大学野球全盛時代」で、六大学本塁打記録（8本）を樹立した大スター・長嶋茂雄（立大）が、人気をそのまま巨人に持ち込みました。私のプロ入り4

年後、同い年の長嶋の年俸は２００万円、契約金１８００万円だったと聞いています。

現在のプロ野球の「契約金」が１億円＋出来高５０００万円。１年目の「年俸」は最高１５００万円です。Ｊリーグの場合、どんなに有望な選手でも年俸４６０万円以上で６７０万円を超えてはならないそうです。

プロ野球の場合、「契約金」が「退職金」代わりですが、まだ結果を残してもいない選手を「信用」して、最初からそんなに払うのはいかがなものかと思いますけどね。

プロ野球界で初めて1億円に手が届いたのは、何を隠そう私です。ＯＮ（王貞治、長嶋茂雄＝いずれも巨人）ではありません。やればやっただけ見返りがあるのがプロだから、球団が選手に多くの給料を払うのは、成績を残してからでもいいと思います。

結論

東大生は「勉強の天才」、プロ野球選手は「野球の天才」。やればやるだけ収入を得られる「プレミアムパス」を携えている。

8

堀江 大学は「就職コース」と「学問コース」に分けるべき

野村 プロのキャッチャーは「高校出がいい」という持論

堀江 僕は東大に入学して、塾講師のアルバイトだけで月15万円～20万円。これも「東大ブランド」の効力だ。ただ、同じ塾の講師をしていた東大先輩たちの弛緩した空気に驚き、「このままではいけない」と危機感を抱いて塾講師を辞めた。

しかも、東大寮のＯＢから「大学には派閥争いなどがあって、研究が自由にできない」ことを伝え聞いて失望していた。

だとすれば、「東大」は「入学」が一番重要ということになる。「無形固定資産」とも言える「東大ブランド」は、入学時点ですでに獲得している。わざわざ卒業する意味はないと考え、起業したこともあって、中退するに至った。

大学の目的を学生に聞けば、ほとんどが「就職のため」と回答するだろう。ある大学の先生に聞けば、「純粋に学問をしたい学生は、ほんのひと握り」らしい。

親に高い授業料や仕送りをもらって通学しているにもかかわらず、遊興費ほしさに必要以上にアルバイトに精を出して授業を休む。本末転倒。**大学は「就職コース」と「学問コース」に分ける改革が必要だと思う。**

僕は「大学はいらない」と常々言い続けているから、それを証明しようとＨＩＵ（堀江貴文イノベーション大学校）を設立した。

「宇宙ロケットの開発・発射」「和牛の生産・販売」「寿司職人になるための技術や経営」など、生徒にはさまざまな体験を提供。校訓は「座学を目的とせず、行動を目的とする」だ。

野村　プロ野球選手は、「高校出」「大学出」「社会人出」に分かれます。

「最終的にプロ入りしたい」なら、ピッチャーはドラフト指名された時点でプロ入りすべきだと思います。それが「高校出」時点であっても「大学出」時点であっても。

ピッチャーは肩を壊す危険性があるからです。

アマチュア野球とプロ野球は、スピードとパワーが遥かに違うため、「高校出」の「内野手や外野手」の場合は自信喪失してしまう例があります。相当な自信があれば別ですが、「大学」「社会人」を経てからでも遅くないかもしれません。

キャッチャーに関しては、私の持論は「高校出がいい」。味方ピッチャーの球種、相手バッターの長所・短所をすべて覚えなくてはならない。時間がかかるからです。

これまで「名キャッチャー」と言われる選手を挙げてみましょう。

パ・リーグ＝野村克也（京都・峰山高→南海）、梨田昌孝（島根・浜田高→近鉄）、伊東勤（熊本工・所沢高→西武）、城島健司（大分・別府大附高→ダイエー）、甲斐拓也（大分・楊志館高→ソフトバンク）。

セ・リーグ＝森祇晶（岐阜高→巨人）、木俣達彦（中京大→中日）、田淵幸一（法大→阪神）、古田敦也（立命大→トヨタ→ヤクルト）、谷繁元信（島根・江の川高→横浜）、阿部慎之助（中大→巨人）

不思議とパ・リーグは全員が「高校出」キャッチャーで、セ・リーグは「大学出」

キャッチャーが多い。さらに言えばパ・リーグは「守備重視型」のキャッチャーが多く、セ・リーグは「打撃重視型」のキャッチャーが目立つ。ただ、セ・リーグの「高校出」キャッチャーは2人とも「守備重視型」です（森、谷繁）。
私は、キャッチャーはやはり「守備重視型」がいいと思います。

結論

堀江の大学論は「就職コース」と「学問コース」の2分割。野村の考えも進路はポジション次第で、キャッチャーなら「高校出」。

9

堀江　自分の持つ「無形の力」を意識的に人生に生かせ
野村　専売特許は「ぼやきインタビュー」

堀江　企業の財政状況を示すのに「バランスシート」（貸借対照表）という指標がある。

書き込む名目は不動産などの「有形固定資産」。企業買収時は営業権として「無形固定資産」を書き込む。いわゆる「ブランド」。これは個人にも当てはまる。その人だけが持つ固有のイメージキャラクターやスキル、人脈だ。

見えるものではないだけにその「潜在価値」に気づかない人は多いが、つまりは「ブランド力」「のれん代」「プレミアムパス」を意識的に人生に活用すれば、莫大な効力を発揮して利益をもたらすと思う。

同じようなバッグでもルイ・ヴィトンやグッチのロゴが付いているか否かで大違い

だ。

野球グッズで「ＭＬＢ」の登録商標が付いているかどうかで値段が倍ほども違うのと似ている。

ほかにも僕はよくお笑い芸人の「一発芸」を例に挙げる。

ドラッグストアの「マツモトキヨシ」のＣＭで、03年に大ブレイクしたダンディ坂野さん。黄色い衣装に身を包んで、ネタ滑りすると、両手の親指と人差し指を同じ方向へ向けて「ゲッツ！」。

「あれしかないのか」と感じる視聴者もいるかもしれないけれど、多くの人は「ワンパターン」でもあれを見たい。

毎年「来年は消える一発屋芸人」に名を連ねながらも、19年、ＣＭ10本、営業年間60本で、年収２０００万円を超えたそうだ。

本人いわく「不器用だから『ゲッツ！』１本でやってきてよかった」と。

野村さんは球界随一の野球知識の持ち主で、評論家としてのお仕事がたくさんおありだった。特に、**楽天イーグルス監督時代の「ぼやきインタビュー」。知人が**

言っていた。

「あれを見たいがためにスポーツニュースをつける。最高！」


野村　私が推進するのは「無形の力の野球」です。

「有形」は、「走る、打つ、守る」といった形があって見える技術的な部分。

一方、「無形」は、「データ活用、読み、野球知識」など形がなくて見えない部分です。

私が指揮してきたチームは巨人のような潤沢な戦力補強費を使えなかった。有形の力には限界がある一方、無形の力は無限である。戦力不足を「無形の力で補って勝つ」のが、「野村野球」の真骨頂。だから私の野球が支持されるのでしょう。

ヤクルトの監督をしていた１９９０年から98年の間、「長嶋・巨人」が94年、96年とリーグ制覇しましたが、「野村・ヤクルト」は92年、93年、95年、97年とリーグ制覇を果たしました。

楽天の監督時代も２００６年６位、07年４位、08年５位、09年２位。岩隈久志（05

年加入、現・巨人）と田中将大（07年入団、現・ヤンキース）がいたとはいえ、もともと05年創設の「寄せ集め集団」は最下位でしたから。大物選手は少なかったですが、「無形の力」を活用して2位まで浮上させたのです。

私自身の「無形の力」は、専売特許であるインタビューでの「グチ」「ぼやき」ですね。最近は「ぼやく野球レジェンド」と呼ばれています。

結論

「無形の力」とは、形がなくともその人だけが持つ「専売特許」のこと。これに気づいて意識的に生かせば、とてつもなく大きな力となる。

第3章
「常識」の巻

堀江＝あらゆる前提を疑え

野村＝「固定観念」は悪、「先入観」は罪

夢中力

10

堀江　「小学校の休み時間はドッジボール」という不思議な習慣
野村　「固定観念」と「先入観」をくつがえし、超一流になった高津と古田

堀江　小学生のころの「休み時間」って、みんなドッジボールやサッカーをやるのが当たり前だった。あれって、なぜだろう。いま考えても不思議だ。僕はドッジボールが苦手で活躍できなかったので、苦痛で仕方なかった。

だから別のゲームを考え出して、クラスの中で流行らせた。そういう意味ではみんなも内心、ドッジボールに辟易気味だったのだろう。僕は感謝されたわけだ。

あの成功体験は忘れられない。だからその後、いくつも新たなゲームを導入した。しかも、そのゲームの考案者は僕だから、しばらくは勝ち続けられる（笑）。

常識の延長戦上には、当然「常識」しかありえない。疑う余地がないと思い込んで

いることにあえて疑義を挟んでみる。「既存の価値観」に逆らい、前提を否定してこそ、新たなものが生まれるのだ。

野村 私は「固定観念は悪、先入観は罪」だという言葉を使います。

例えばピッチャーは、一塁走者が二塁盗塁しないようにケン制球を投げます。一塁ケン制が終わったあと、キャッチャーのサインを見て「バッターにどんな球を投げるか」を決めます。

その球でよければそのままバッターに投げるし、イヤなら首を横に振り、キャッチャーはまた別のサインを出し直す。

キャッチャーの一塁ケン制のサインに対して、ピッチャーが首を振るわけがない。だから、ピッチャーがキャッチャーのサインに首を振っているときは、バッターに投げる寸前なわけです。

一塁走者からすれば、二塁盗塁のスタートを切るつもりでいてもいい。

それが常識。だから、その「常識の逆」をいって、そのタイミングで一塁にケン制球を投げる。一塁走者の虚を突いてアウトにできる。

つまり、「ピッチャーにわざと首を振らせて一塁走者を油断させる」。私はこれを「首振りケン制」と名づけました。


２０２０年、ヤクルトスワローズ監督に就任した高津臣吾。彼は日米通算３１３セーブを挙げ、プロ野球人最高クラスの栄誉である「名球会入り」をしています（投手は通算２００勝または２５０セーブ以上、打者は通算２０００安打以上）。

高津は入団直後、実は「先発投手」として１９９１年１勝、92年5勝。もう一皮むけなかった。ランクアップさせるために「落ちる球種」をマスターさせた**高津を、私は「抑え投手」にコンバートしたんです。会社員で言えば人事異動ですね。**

「高津は先発投手だ」という「固定観念」「先入観」で決めてしまったら、それ以上の飛躍はなかったでしょう。いったん、「固定観念」「先入観」をクリアし、適材適所を探ったのが大成功した例です。

ほかにも「メガネをかけているキャッチャーは、マスクを取り外すときにメガネが

邪魔になって活躍できない」がプロ野球界の長年の常識で、古田敦也もドラフト上位指名に反対されました。

しかし、メガネもキャッチャーマスクも改良されています。ヤクルトに上位指名された古田は、「他球団に入団していたら、球界の勢力地図は大きく変わっていた」ぐらいの超一流選手に成長しました。通算２０９７安打をマークし、やはり「名球会入り」、さらに「野球殿堂入り」まで果たしたのです。

結論

「固定観念は悪、先入観は罪」。常識の延長戦上には、常識しかありえない。だから常識の真逆を考えれば、「新しいもの」が生まれる可能性に満ちあふれている。

11

堀江　「日本ではネクタイがすべて」という田原総一朗氏の忠告

野村　「社会の小さなルール」と「野球上達」は連動

堀江　江戸時代の「ちょんまげ」って、現在考えると珍妙だ。あの髪型に何の意味があるのか、まったくもって理解不能。**同じ理由で僕は「スーツ」と「ネクタイ」は嫌いだ。**

僕の場合、TシャツにGパンのイメージが定着している。赤坂にある会員制の「アークヒルズクラブ」にTシャツで入ったのは僕ぐらいのものだろう。

しかし以前、対談をした田原総一朗さんに苦言を呈されたことがある。

「あなたは日本の実権を握る年寄りたちから嫌われ、このたび実刑判決まで食らってしまった。日本ではネクタイがすべて。政財界の重鎮にゴマをすれば、球団買収もフジテレビも国会議員立候補も、万事うまく進んだかもしれない」

それこそ**「明文化されたルール」だったら、僕は従うことに抵抗はまったくない。しかし、「慣習」「暗黙の了解」「いい加減な常識」だったら従う理由はないと思う。**

それにしても、僕には「10年周期」で「節目」的なできごとが起きている。

・86年＝初めてパソコンのシステム移植の「仕事」をする（14歳）
・96年＝「有限会社オン・ザ・エッヂ」を起業
・06年＝「証券取引法違反」で逮捕（11年に収監）
・15年＝Jリーグアドバイザーに就任

野村　**編集者に予備知識として聞いてはいましたが、堀江さんと大きく意見が異なる点があります。**

私は「身だしなみ」と「時間厳守」に関して、選手を厳しく管理しました。私の指導の根底には「野球を通じての人間教育」という考えがあります。

「身だしなみ」「時間厳守」という「社会生活で最も小さいルール」が守れなければ、「野球の技術上達のための小さなルール」も守れない。

毎春キャンプの「ＩＤ野球ミーティング」でもよく話したものです。プロ野球選手は35歳ぐらいで引退、その後の人生のほうが明らかに長いのです。

プロ野球選手は子どもたちの前でプレーする。しかも、私は「髪の乱れは、心の乱れ」と考えるタイプ。だから当然、「茶髪」「無精ヒゲ」は厳禁です。

ビジネスや初対面の人と会うとき、スーツ着用を気にしない人もいれば、気にする人もいる。「気にする人がいるかもしれないならば、スーツを着て行く」のがマナーではないか。

要するに、スーツ着用やネクタイ着用は、「協調性」を意味するものだと思うのです。

私も「10年周期説」があります。

・53年＝「プロ入団テスト合格」（18歳）
・63年＝「三冠王」よりも心に残る「シーズン52本塁打の日本記録」樹立

・73年＝「南海プレーイング・マネージャー」で初優勝
・83年＝ストライクゾーン9分割のテレビ朝日解説「野村スコープ」が大評判に
・93年＝ヤクルト監督で「初の日本一」
・03年＝社会人野球チーム・シダックス「1年目に都市対抗野球で準優勝」
・13年＝手塩にかけて育てた「田中将大24勝0敗」で楽天イーグルス初優勝

結論

堀江と野村の最大の相違点。「スーツ着用」が「単なる慣習で意味がない」と考える堀江。一方、野村は「マナーであり協調性」だと考える。

12

堀江
99%の会議は不要。知らないことは質問すればいい

野村
「野球を通しての人間教育」で選手を動かして日本一

堀江

「聞くは一時《いっとき》の恥、聞かぬは一生の恥」

使い古されたことわざだが、まさにその通りだと思う。

15年、僕はJリーグのアドバイザーになった。日本代表戦は僕も観るが、サッカーの知識は読者の皆さんと大差ないのではないか。

知らないことは恥ではない。だから学ぶ。質問してしまえばいい。

僕は毎週のように研究者、大学教授、医師クラスのかたと話す機会があるが、積極的に質問している。

ただし、スマホで検索したり、自分で調べればわかることまで聞いて教えを乞うの

は論外だ。しかし、次のような例が実に多い。

・論点が整理されていない。

・「よくある質問」レベルのことを聞いてくる。

会議でも無意味な要素が多い。**僕は99%の会議は不要だと思っている。**

（1）会議で何を決めるのかを明確にする

（2）必要な情報を準備しておく

（3）感情論は排し、論理的に判断する

以上の「会議の要素」がそろっていなければ無駄だ。

野村　私は選手引退後、ヤクルト監督に就任するまで、少年野球の監督をやっていた時期がありました。

ある試合で私は「スクイズ」のサインを出しましたが、バッターが空振り。そのバッターが、三塁ランナーにタッチしようとしたキャッチャーを妨害したのです。

「ランナー、アウト！　バッターはそのまま」

私は「妨害したバッターがアウトで、ランナーは三塁に戻るのではないか」と質問しました。しかし、審判はこう答えました。

「ルールでは（ペナルティの意味、フェアプレー精神の教えをふまえて）三塁ランナーをアウトにします。間違いありません」

プロではスクイズ失敗のあとキャッチャーを妨害する選手はいないので、私はそのルールを知らなかった。でも、**野球少年にルールを教えることも指導者の務めですので、恥ずかしながら思い切って審判に質問した**わけです。

そういえば、私にもつまらない質問をしてくる野球記者が実に多いですね。落合博満（元中日監督）なんて、そんな質問は無視していた（笑）。私はよく答えているほうです。

「会議」と言っていいのか、私は「ＩＤ野球（データ活用）ミーティング」をとても重視していました。

ヤクルトのときは毎年2月キャンプで練習後に1～2時間、私が白板に記したことをノートに書かせていました。書くことで覚えさせるのです。

それまで才能に任せてやってきた選手たちは、「来た球」を打つだけだった。当然、高い確率では打てない。それが、データを活用すると「来る球がわかるから、高い確率で打てる」のです。

必要な情報をたくさん準備し、勝つために何をすべきか、論理的に説明した。1年目の90年5位だったのが、91年3位、92年セ・リーグ優勝、93年日本一。

実は、私のミーティングの大半は「野球を通しての人間教育」です。ただ、最近テレビ番組「ザワつく!金曜日」で奔放な発言をしている長嶋一茂は、私が話している間、ノートに「ドラえもん」の絵を描いていました。

私は2時間半ほど一茂に説教しましたが、まさに「馬の耳に念仏」。まったく響いていませんでしたね(苦笑)。

結論

99%の会議は不要。だが、「会議の要素」を完備する「ID野球ミーティング」はある意味、「洗脳」という名の人間教育を施した。結果、みごと日本一に輝いた。

第4章
「信用」の巻

堀江＝「小さな成功体験」が自信になる
野村＝「地位」が人を創る

13

堀江 「信用」を創る「ハッタリ」
野村 球種に「ヤマを張る」のは「ハッタリ」と同じ

堀江 僕はときに「信用」という言葉について考える。

それは結局、相手がどう評価するかであって、「絶対的なもの」ではない。あいまいなものだ。だから、主張する者の側に「自信」があれば、ごまかしやハッタリがきく。

僕が起業したとき、できそうにない仕事を依頼されても、「できます！」とハッタリをかまし、死に物狂いで頑張ってやり遂げて、相手からの「信用」を創り上げた。

野村 監督が選手を育てるには、まず彼らを「信じる」ことから始めないといけません。

「信じる」ことによって選手のモチベーションを触発し、奮起させるのです。
そして「信じる」には、「信用」と「信頼」がある。

「信用」は、文字通り信じて用いること。

「信頼」は信じて頼ること。だから見返りを期待してはならない。

わかりやすく言えば、あるピッチャーを「信用」してマウンドに送り出しても、打たれる可能性があるから「信頼」してはならないということ。これと同様のことを「経営の神様」松下幸之助さんが言われていました。

さて、私はキャッチャーとして、バッターを打ち取るためにピッチャーをリードしました。そのときバッターを「4タイプ」に分類したのです。

●A型（理想型）＝ストレート狙いで、変化球に対応。来た球を打つ天才型。
例：松井秀喜（巨人ほか）

●B型（無難型）＝内角か外角か、打つコースを決める。
例：イチロー（オリックスほか）

●C型（器用型）＝引っ張るか流すか、打ち返す方向を決める。
例：青木宣親（ヤクルトほか）
●D型（不器用型）＝投手が投げてくる球種にヤマを張る。
例：野村克也（南海ほか）

そして私は、バッターとしては「D型」でした。

いやしくもプロですから、「来る球」がわかっていればヒットを打てる。でも、その「来る球」がわからないから困る。だから、ピッチャーが投げてくるのが「ストレート」なのか「カーブ」なのか、ヤマを張るのです。「ヤマを張ってみせる」——つまり「ハッタリ」ですね。

ヤマがはずれたときは手も足も出ないが、ヤマが当たればホームランです。情報をたくさん収集していけば、その「ハッタリ」の当たる確率が高まる。実績を残していくうちに周囲の「信用」が創られていくというわけです。

私は監督になってからも同様、選手がハッタリで失敗したとしても、「根拠」があれば怒りませんでした。だって、そうですよね。自分がやっていたわけですから。

「これまでのあのピッチャーの投げる球のデータからすれば、2ストライク後はカーブだと思いました。でも来た球はストレートだったので、見逃し三振してしまいました」

「見逃し三振」でも「いい当たりのライナーが内野手の正面を突いて捕られた」としても、同じワンアウトに変わりはありません。指導者は、部下の根拠やプロセスを認めるべきで、結果論で判断してはならないのです。

結論

「ハッタリ」（堀江）と「ヤマ張り」（野村）。これも2人の大きな共通項だ。いずれにせよ、両者とも結果を出して周囲の「信用」を勝ち取った。

14

堀江　「背伸び」と「自信」に、自然と「信用」は追随
野村　「地位」が人を育てる。「4番打者」に新庄を抜擢

堀江　自分を必要以上に大きく見せなくてもいいけれど、小さく見せる必要もない。

先ほども言ったが、僕は未経験でもやれそうな気がしたら「できます！」と自信たっぷりに断言していた。僕が言わんとするのは「できない理由」から考えるのではなく、「やれる方法」から考えるほうが当然、発展性があるということ。

「ハッタリ」「背伸び」。目標は自分の実力以上に設定するものだ。実力が不足していたら、そのギャップを埋めるのは努力と気合と根性しかない。

初めて「ホームページ制作」を得意先から依頼されたとき、何のことか全然わからず、本を買ってきて勉強してやり切った。

自分には現時点で70点の実力しかなくても、それは見せずに１００点の仕事を任せられてやり切れば、次に１３０点の仕事を依頼される。

「成功」が「自信」を生み、「信用」が「経済価値」を呼ぶ好循環だった。さらにライバルとの差別化を図るために、オリジナル性や付加価値を足し合わせれば、依頼主も喜ぶというものだ。

ビジネス的にもう一歩踏み込むとしたら、「営業」活動は大事だ。もはや「いい物をつくりさえすれば売れる」という時代ではない。

例えば、同じ宅配便業者であっても僕の場合、「クロネコヤマト」より「佐川急便」を使う。なぜなら佐川急便はドライバーを「セールスドライバー」と呼んで、仕事も自分で取ってくる。やる気を感じさせるのだ。

野村　自ら限界をつくってしまってはいけません。目の前でコミュニケーションを取っている相手に「自信」を感じれば「信用」につながります。逆に「不安」が垣間見えれば「不信感」を覚えるのは自然な成り行きです。

「地位が人を育てる」の好例を紹介します。

本人の力量より少し上の役職を与えると、人間はいい意味で背伸びして、自覚と責任感が芽生え、いつの間にかその役職にふさわしくなるものです。

私が阪神監督時代、新庄剛志という選手がいました。お天気屋、気分屋でしたが、彼の持つポテンシャルには計り知れないものを感じました。

私は２０００年に新庄を開幕から４番打者に抜擢しました。あの、お天気屋の新庄が、「４番打者に恥ずかしくない成績を残そう」と努力を重ね、打率・２７８、28本塁打、85打点と、３部門で自己最高（阪神在籍時点）、チーム三冠王の数字をマークしたのです。

本人も自信を得られたでしょうし、メジャーの目に留まるには充分な成績でした。ＦＡ権を取得した新庄は、01年から日本人野手「初」のメジャー入りを果たします（オリックス・イチローも01年からマリナーズに）。翌02年は日本人初のワールドシリーズを経験しました。

日米通算１５２４安打、２２５本塁打。「超一流」とまでは言えなくても、充分に

「一流」と言える数字を残しました。

さて、プロ野球の監督には、メディア対応の広報部長や営業部長の側面もあります。スポーツビジネス的に言えば、プロ野球の試合を「商品」とするのなら、ピッチャー陣が「制作部」で、バッター陣が「営業部」みたいなものです。

早い段階で相手に大量リードを許して敗色濃厚になったら、試合という名の商品は壊れて台無しになってしまいます。だから、「ピッチャー陣が試合をつくる」と表現します。つまり、9段階（9イニング）で組み立てていく「制作部」。制作費（失点）は少なければ少ないほど喜ばれる。

一方、打って（売って）、点（お金）を稼いでくるのが「営業部」であるバッター陣です。こちらは点が多ければ多いほどいいというわけです。

結論

「地位」が人を育てる。そして、何もしなくても「いい物なら売れる」時代は終わった。ビジネスである以上、広報・営業活動あってこそ、物が売れる。

15

堀江　小さくてもいい。「成功体験」を積み上げろ！

野村　「打席に多く立つ」からこそ「ホームラン」も多く生まれる

堀江　何ごとにも尻込みしていた「奥手」の僕が、自分の殻を打ち破ったのは、大学の同級生に誘われてやってみた「ヒッチハイク」だった。

「大阪の串揚げ食べたいなぁ」

高速道路のサービスエリアに停まっている見知らぬトラックの運転手に声をかける。こちらが若者2人だと向こうも「襲われるんではないか」と怖がって躊躇する。

だから友人と合流場所を決めておいて基本、個人行動。およそ10台、運が悪くても30台に声をかければ、そのうち1人は「乗りなよ」とOKしてくれる。

「怪しい者ではありません。お疲れのときは運転代わりますから」

学生証を見せ、安心させる。東京から、翌日昼には遠路大阪で目的を達成している。快感だったし、「相手を納得させる」という観点からして、「自信」もついた。

どんなに周囲が信用してくれなくても、1人だけ信用してくれる人が世の中に存在する。それは「自分」だ。自分に寄せる信用を「自信」と呼ぶ。

ヒッチハイクの経験は僕が起業してからの営業活動に大きく役立った。この「成功体験」が、僕の「ビジネスにおける交渉術」の原点と言っても過言ではない。

「経験」「体験」とは、その「中身」がすべてだ。

先ほども言ったが、「できない理由」、つまり「言い訳」を先に考えていたら、前に進まない。「やれる方法」を考える。

「どこの馬の骨ともわからない若造を同乗させるわけがない」

そうではなく、「どうしたら乗せてもらえるだろう」という「チャレンジ精神」「トライ&エラー」が大事だと思う。

「断られたら恥ずかしい」。そんなことを考える時間は無駄。「失敗する可能性」はどんなものにもある。失敗を突き詰めて考えても仕方ないことに最後は行き着く。

「乗りなよ」と1回言ってもらうために、いい意味で「バカ」になること。人は絶対に変われる生き物なのだ。

「恋愛」も同じ。モテるかモテないかは、自信と経験値が左右する。

作家の藤沢数希さんが提唱する「恋愛工学」の数式がある。

「ヒットレシオ（口説き落とすまでの確率）」×「試行回数（女の子と2人きりで話す）」＝「モテ」。つまり、**試行を重ね、成功体験で自信を積んでいけばいい。**イケていない男は、実践でイケている男になれる。

野球でたとえれば、「打率は多少低くても、打席に多く立つ」ほうが絶対いいと思う。

野村　リリーフ投手については、「10対0」の大差で勝っているときや、逆に「0対10」の大差で負けているときに相手打線を何度抑えても、正直なところ何も身につかない。

「1対0」「2対1」の僅差で勝っているとき、プレッシャーがかかる場面で相手打線を抑える。この「小さな成功体験を積み重ねること」にどれだけ価値があるか。

東京五輪「4×100mリレー」の陸上コーチも言っていました。

「バトンパスを何度練習しても高が知れている。緊張感あふれる世界レベルの大会において、バトンパスを成功させた体験とチームワークに勝るものはない」

失敗しても命まで取られるわけではない。まず、マウンドに立つこと、打席に立つことが大事。私の通算記録をご紹介しましょう。

・通算本塁打　657＝歴代2位（1位・王　貞治＝868本）
・通算出場試合　3017＝歴代2位（1位・谷繁元信＝3021試合）
・通算安打　2901＝歴代2位（1位・張本　勲＝3085安打）
・**通算打席　11970＝歴代1位（2位・王　貞治＝11866打席）**

長くやっていれば打席は自然と増えるものですが、密かな自慢ではあります。通算打率は・277で、そんなに高くはありませんが、ホームランは王貞治の次です。

結論

「できない理由」ではなく、「やれる方法」を考える。いい意味で「バカ」になれ。人は絶対に変われる！　失敗しても命まで取られるわけではない。

第5章
「働く」の巻

堀江＝好きなことを仕事にする

野村＝野村克也－野球＝0

夢中力

16

堀江　「アイデア」だけでなく、最初に「形」にするべきだ
野村　「技術」や「選手の育成・再生法」を「本」に

堀江　いつだったか僕のもとに、こんなことを言う若者が現われた。

「自分にはアイデアがあります。でも、資金と設備がありません。堀江さん、資金と設備をお貸し願えませんか。きっと成功しますから」

でも、それは違うと思う。僕が学生時代に起業したとき、パソコン関係の会社でアルバイトしていた。

「もっとインターネットに力を入れましょうよ。乗り遅れちゃいますよ」

会社が聞き入れてくれなかったので、僕は起業することを決心した。知人に100万円出資してもらい、500万円は借金。その額、合計600万円だ。

アルバイト先の会社は「月70万円」という、学生に対しては破格の条件で引き留めてくれた。1年、2年、アルバイトで我慢すれば600万円は貯金できただろう。でも、その1年、2年が僕にはどうしても待てなかった。

世間ではアイデアこそすべてのように受け止められがちだが、思いついただけでなく、そのアイデアを「形」にした人こそ評価されてしかるべきだ。

アイデアはパクられたら終わりだ。「コロンブスの卵」のたとえではないけれど、「なんだ、卵を割っていいなら立たせられるよ」では手遅れ、あくまで「実際に立たせた者勝ち」なのだ。

「電話」の開発者の、ボストン大学の教授グラハム・ベルの話は有名だ。同時期に複数の研究者が特許申請を予定していたが、発明家のイライシャ・グレイはたった2時間の差でベルと末代までの評価に差が出てしまった。

「アイデア」だけではなく「誰よりも早く」、すなわち「ファースト1」なのだ。

野村 口はばったいですが、私のプロ野球界に対する功績は2つあると思います。選

手時代のバッターやキャッチャーとしての「技術」、そして指導者としての「選手の育成・再生法」。

「技術」や「選手の育成・再生法」を「形」にしたのが拙著です。もう１５０冊を超えたでしょうか。「言葉」は人材育成・再生のための武器であり、道具です。野球選手は技術を持っていても、それを「形」にする理論がない。もっと形にして残したほうがいいと思います。

私が野球の技術の「アイデア」を「形」にしたときのことを紹介します。

かつて、通算１０６５盗塁をマークした福本豊（阪急）という選手がいました。最近はシーズン30盗塁ぐらいで盗塁王になれますが、福本は１９７２年にシーズン１０６盗塁もマークした。

キャッチャーの私としては、もう手に負えない選手でした。「盗塁阻止」は、ピッチャーとキャッチャーの共同作業。そこで考えついたアイデアが、ピッチャーに「小さな投球モーション」で投げさせることでした。

「そんなに大きな投球モーションで投げていたら簡単に盗塁されてしまう。もっと小さな投球モーションで球を投げろ」

現在は少年野球でも当たり前の技術として普及している「クイックモーション」は、当時は画期的な「発明」でした。

翌73年の阪急とのプレーオフ、投手のクイックモーションで福本の盗塁を2度連続で阻止し、私がプレーイング・マネージャーを務めた南海ホークス（現・福岡ソフトバンクホークス）は初優勝の美酒に酔ったのです。

結論

電話の発明者ベルのように、「ファースト1」が最大の栄誉に浴す。アイデアは「形」として具現化してこそ価値がある。

17

堀江　「好きなこと」を「仕事」にして、食べていく
野村　野球《しごと》に学び、野球《しごと》を楽しむ

堀江　僕にとっては、仕事はみな「娯楽」であり、「趣味」であり、「エンターテインメント」だ。人生の中で、一番多くの時間を投入するのが仕事だ。だから「仕事は娯楽である」という意識を持てば、人生観は変わり楽しく生きられる。

　僕は服役中に紙袋を折る仕事を与えられたが、ただマニュアル通りに折るのではなく、「どうすれば効率的になるだろう」と創意工夫を加えたら、「やりがい」が生まれた。

「やりがい」は、「探す」ものではなく、「自ら作り出す」もの。「やらされる」のではなく、「自らやる」意識になるように作業を改変するのだ。

受動的ではなく、能動的。だから会社員でも「我慢」をお金に換えていると考えている人がいたら間違っている。「積極的な労働」、すなわち「娯楽」をお金に換えているという意識にならなければ仕事ではない。

「遊びを仕事にして生活費として稼げるのは一部の才能ある人のみ」という意見はあるかもしれない。ただ、技術革新により、現代は「好きなことを仕事にして生きていく」ことは、昔に比べ必ずしも難しくはないと思う。

サッカーの本田圭佑君も言っていた。

「好きな事だけでは食っていけない。

これ違う。

大して好きじゃないから食ってけるレベルに到達できないのであって、時間を忘れるくらい好きな事なら、どんな事であっても必ず食っていける」

野村 大リーグ（ひと昔前はメジャー・リーグのことをそう呼んだ）の選抜チームを迎え撃つために１９３４年（昭和９年）に結成されたのが、「大日本東京野球倶楽部」。

それが現在の巨人軍の母体です。

日本職業野球連盟（現・日本野球機構＝ＮＰＢ）が発足する36年の前年、35年に私はこの世に生を享けました。

54年にプロ入りし、現役選手として通算27年３０１７試合、プレーイング・マネージャーを含め監督として通算24年３２０４試合、グラウンドで白球を追い続けてきました。

寝ても覚めても、野球に恋してきたのです。

「野村克也－野球＝０」

「野球《しごと》に学び、野球《しごと》を楽しむ」

「生涯一捕手」

色紙を頼まれると、こう書きます。

八十余年の人生すべてを野球一色で過ごせてこられて、私はつくづく幸せ者だと思います。

球技の中では、サッカーやラグビーの「コンタクトスポーツ」や、あるいはバレーボールやテニス、卓球の「ネット型スポーツ」と、大きく異なる特色が「野球」にはあります。

サッカーにしてもバスケットボールにしても「攻撃」と「守備」が表裏一体です。しかし、野球は攻守が完全分離していて、その交代を含めて間《ま》があります。1球を投げ、また次の1球を投げる。そこにも間が生じます。

その間にいろいろと作戦を練る、対策を考える。私が「野球に魅力」を感じるのはその部分です。

しかも、野球は「1億総評論家」。みんなが監督になって、酒の肴にできる。それが日本人の文化に合っているのではないでしょうか。

結論

食うために働くのか、働くために食うのか。自分の「好きなこと」「娯楽」「趣味」を「しごと」と言い換えることができる人は幸せだ。

18

堀江 衆知を集め、「人に任せる」
野村 「攻撃面」が苦手な投手出身の監督は、「参謀」を置く

堀江 僕は自分の苦手なことはある程度、人に任せてしまう。例えば僕にとっての「出版」の目的は「本を書くこと」そのものではなく、「自分の考えを普及すること」。だから、そんなに誤字脱字は気にしない。専門の校正者に任せればいいことだ。それよりアウトプットする「内容」や「スピード」を重視する。

和牛料理であれば、いまから人生の貴重な時間を費やして「キャベツの千切り」の技術を極めようなんてことは無意味だ。高機能の電動スライサーだってある。

僕にとって大事なのは、アイデアやプロデューサー的役割だ。読者の皆さんも、苦手なことで悩むぐらいなら「プロ」に任せてしまったほうがいいと思う。

例えば「子育て」。特に「共働き」なら、なおさら。子育てには向き不向きがあるし、割り切って「子育てが好きなプロ」のベビーシッターに頼んでしまえばいい。

ビジネスの成功者はみな、「人づかい」が巧みである。

「他人の手を借りられない人」には、大別して2パターンある。1つは自分でやったほうがうまくいくと思っている人、もう1つは他人と手柄を分けたくない人。

「経営の神様」松下幸之助氏の名言がある。

「衆知を集める」

いかにすぐれた人でも、その知恵には限界がある。自分の知恵だけでは及ばない点、かたよった点が出てきて、往々にしてそれが失敗に結びついてしまう。

それゆえ、戦前戦後の激動に身を置いた氏は、変転変化に際して、周りの人々の知恵を集めて、すなわち「衆知」をもって対処しようとしたのだ。

僕が最初に起業したときは、IT界のカリスマ的な人材を何人も会社に招聘した。チームは、役割分担だ。ベンチャー企業は「適材適所」で動かないと余裕がなくなってしまう。任せられる人材がそろっていた。

ライブドア事件以降、あの技術者集団の多くがＬＩＮＥに流れた。後悔しない僕が、失って唯一後悔したものかもしれないが……。

野村　プロ野球における監督は、「経営的視点」から、「組織におけるリーダー」としての社会的注目度が非常に高い存在です。

チームを一企業に見立てると、監督は「社長」、コーチは「部長」、選手は「社員」であり、その監督の「部下を束ねて利潤（勝利）を追求する管理能力」は他業界の経営者にとっても大変参考となるからです。

私がこれまで監督を引き受けてきたのは「南海ホークス」「ヤクルトスワローズ」「阪神タイガース」「東北楽天ゴールデンイーグルス」の4球団。

ヤクルト（4位）を除き、私の就任前年は3チームとも最下位。しかも買収した「オーナー社長」ではなく、体制を継続したままさらに「雇われ社長」だったので苦労しました。

昨19年まで70回の歴史の「日本シリーズ」の勝者は、「キャッチャー出身監督」が14

度（20％）で1位です。キャッチャーは1球1球サインを出す「監督代理」とも言われ、試合進行を構想できますから。そして2位のポジションは意外にもピッチャーの11度（16％）なのです。ピッチャーは攻撃にほぼ参加しないのに……。さらに、投手は「お山の大将」の性格の人が多い。

私が何を言わんとするか。「苦手な攻撃面」をカバーするために「ピッチャー出身監督」は「参謀」「右腕」を置くことが多い。

「おい、あれやっておいてくれ。頼むぞ」と、内野手出身のコーチに攻撃面をうまく任せてしまうのです。つまり、苦手な分野はスペシャリストに任せてしまうのが正解ということです。

星野仙一監督が88年中日、99年中日、03年阪神で優勝していますが、島野育夫という陰の「参謀」の存在がありました。野球関係者なら誰もが知る周知の事実です。

結論

人には向き、不向き、「適材適所」というものがある。苦手なことに悩むぐらいなら「プロ」に任せてしまったほうが、いい「解答」が出るものだ。

19

堀江 「たまに手を抜く」ことが意外に重要
野村 マー君が「全力投球」するのはピンチのときだけ

堀江　「すべての仕事に全力で臨まなければ、相手に失礼だ」

そう考える人が実に多いことに驚いてしまう。日本の文化、伝統、国民性なのだろう。

メールマガジンを例に挙げると、発行者は常に質の高いものを追求するものだが、それで配信が遅くなるよりも、読者にとっては毎週届くことのほうが重要だと思う。もちろん、僕は質の高さも締切も守るけれども……。

言葉はよくないが、何もかも「クソ真面目」というのは、良し悪しである。

新婚さんのサラリーマンの知人がこぼしていた。

「専業主婦の嫁さんが食事に力を入れてくれるのはありがたいけど、コックさんじゃないからレパートリーが多いわけじゃない。かといって、てんこ盛りの愛情弁当も残せない。周囲は『幸せ太り』と言うけれどツライところです」

同僚と昼食に出かけて和洋中いろいろ食べたいけれど、食費節約で、それもままならない。たまにマクドナルドとかコンビニ弁当が恋しくなるそうだ（笑）。

つまり、「いつも」は駄目だが、「たま」に手を抜くのは結果的によろしいということだ。


野村　マー君（田中将大＝現・ヤンキース）は２０１３年に驚異的な24勝0敗という成績で、楽天イーグルスのパ・リーグ初優勝に貢献しました。

そのシーズン、三塁を守っていたマギー（ヤンキース→楽天→マーリンズほか→巨人）が、マー君をこう評していたのです。

「タナカはピンチになればなるほど、ギアを上げるところがすごい」

1回から9回まで、4番打者にも9番打者にも全力投球していたらさすがに疲れてしまいます。ほとんど打てない9番打者に全力投球をして、肩ヒジを壊して手術に至ったら本末転倒、バカらしいことです。

だから、大事な場面だけ全力投球するというわけです。

世の中には4タイプの人間が存在します。

（1）不真面目な劣等生、（2）真面目な劣等生、（3）不真面目な優等生、（4）真面目な優等生。

「不真面な劣等生」は誰が考えても困りものだけど、「真面目な優等生」、つまりクソ真面目な選手は、ここぞの場面で緊張して頭が真っ白になり、体は固まってしまうものです。

監督として選手を起用してきた私の経験値からすると、ピンチや土壇場で爆発力を発揮するのは「真面目な優等生」よりも、間違いなく「不真面目な優等生」です。ここぞの場面で頼りになる。

歌舞伎の坂東三津五郎さんの言葉を紹介しましょう。

「稽古は舞台のつもりで、舞台は稽古のつもりで」

練習は本番のつもりで緊張感を持って、本番は練習のつもりでリラックスして、という意味です。要するに、こういうメリハリが必要なんですね。

結論

いつも最大限の力を入れていると、当然それ以上の力は出せない。「遊び（余裕）」を持ってリラックスして臨むぐらいのほうが、土壇場で力を発揮できるものだ。

20

堀江 「幹」をつくり、派生した自分の「分身」に仕事をさせる
野村 私の「ぼやき」が、知らぬ間に拡散される「よき時代」

堀江 以前、「寿司職人が何年も修業するのはバカ?」とツイッターでつぶやいたら大炎上した。

それをテレビのワイドショーが取り上げる。あとは周囲が僕の「主義主張」を勝手に拡散してくれる。あたかも僕の「分身」が仕事をしてくれている感覚だ。

音楽業界で言えば、秋元康さん、つんく(♂)さん、小室哲哉さんたちが歌手に楽曲を提供し、歌手が大ヒットさせ、それがまた秋元さんたちを有名にするという構図である。

秋元氏がプロデュースした「AKB48」が「幹」となり、そこからまた「乃木坂46」「欅坂46」「日向坂46」「吉本坂46」といった「枝葉」は自然と伸びていった。

また、僕は「原液」をつくることが重要だと考えている。濃厚な原液的コンテンツをつくれればメディアが薄めて多くの人々に届けてくれる。そして、原液をつくるには教養を身につけることが必要になる。

野村 私の選手時代のパ・リーグはどんなに活躍しても、ON（王貞治、長嶋茂雄）がいた巨人のセ・リーグと違って、全然注目されませんでした。大記録を達成し、「新聞の見出し」になるようなことを自ら考えてヒーローインタビューで話しても、翌朝の新聞一面に載っていない。悲しくて悔しいことでした。セ・リーグの読売巨人（読売新聞）、中日ドラゴンズ（中日新聞）、サンケイスワローズ（産経新聞）のようにマスコミのチームがパ・リーグになかったこともあるでしょう。

——王と長嶋が向日葵《ひまわり》ならば、私は野にひっそりと咲く月見草。

私が「月見草」と呼ばれる由来は、そんなヒガミ根性、ぼやき、グチが由来です。

しかし、最近は実にいい時代になりました。私は「ぼやく野球レジェンド」とも呼ばれますが、**「ぼやき」と「グチ」をつぶやけば、インターネットが勝手に拡散してくれるのですから。**

昔の苦労は何だったんでしょう。世の中、便利になったものです。逆に、油断して悪口は言えません。


キャッチャーは「代理監督」「監督の分身」と言われます。チームの根幹をつくるにはキャッチャーを一人前に育てれば70%完成したようなものです。

ヤクルト時代は古田敦也、阪神時代は矢野燿大、楽天時代は嶋基宏。私はキャッチャーの「リードのエキス」を、これでもかとばかりに彼らに注入しました。

結果、ヤクルトは１９９２年・93年・95年・97年、阪神は２００３年・05年、楽天は13年に優勝しました。まさに「名キャッチャーあるところに覇権あり」でした。

現在のプロ野球界、直接私が指導を施した選手が監督になっているのは、矢野燿大

(阪神)、与田剛(中日)、高津臣吾(ヤクルト)、辻発彦(西武)、三木肇(楽天)、栗山英樹(日本ハム)と12球団で6人もいます。

さらに稲葉篤紀(侍ジャパン監督)、ミューレン(ヤクルト→オランダ代表監督13年・17年WBC)、パチェコ(社会人シダックス→キューバ代表監督08年北京五輪銀メダル)と、「野村野球のDNA」は世界に息づいています。

結論

自分の仕事の「原液」を「分身」たる人物に注入すれば、「DNA」は広まっていく。このSNSの時代、「主義主張」「ぼやき」も自然と拡散される。

21

堀江　ＡＩに人間の仕事が「奪われる」のではなく、「肩代わり」させる

野村　近い将来、プロ野球に「ロボット審判」が導入される

堀江　ＡＩ（人工知能）テクノロジーの進化を受け、「人間の仕事が奪われる」ことが現実的な話として語られ、戦々恐々としている人もいるようだ。

　身近なところではロボット掃除機が普及し、家事の手間が省略されている。精密機器や部品の製造はすでにフルオートメーションである。農業にしても品種改良が進んだ上に、さらに機械化が進み、人間が手間をかけずに収穫量は伸びていく。

　しかし、これらにより「仕事がなくなる」ことを心配する必要はない。

「人間にとって、低賃金なのに手間がかかる面倒な仕事、歯を食いしばってやっていた力仕事や単純労働、それをＡＩが肩代わりしてくれる」

そう見方を変えればいいだけの話。発想の転換だ。その分、人間にとって自由な時間が増えるのである。

そのロボットのメンテナンスは人間の仕事になる。ＡＩアプリ開発の需要も増える。結果、農業の収穫量が増えれば食料供給体制は整い、勢い食費は安価になる。現実に農業、サービス業、金融業など、幅広い分野でＡＩへのシフトが起きている。

国際サッカーの試合で「ビデオアシスタントレフェリー（ＶＡＲ）」の使用が一般的になり、18年ＦＩＦＡワールドカップ・ロシア大会でも使用された。

さらにヨーロッパのサッカーでは、セリエＡ、ブンデスリーガ、プレミアリーグ、リーグ・アンに、すでに「ゴールライン・テクノロジー」のシステムが導入済みだ。

磁場センサーやカメラ計測により、ゴールインするとレフェリーの腕時計に信号が送られる。人間の目の判断による誤審はなくなる。

野村 昭和10（１９３５）年生まれの私には、いまは信じられないほど便利な世の中です。

少し前、「携帯電話」を持って急いで家を出たら、「テレビのリモコン」だった。そんな笑い話があったほど、「携帯電話」のサイズは大きかったのに、現在ではパソコン機能まで備えている。もっとも私はいまだに「ガラケー」ですが……。

私は、プロ野球の審判の「ミスジャッジ」で忘れられない試合が2つあります。61年の日本シリーズ。南海対巨人。南海1勝2敗で迎えた第4戦。南海1点リード9回二死満塁、カウント1ボール2ストライク。ピッチャーのスタンカ（南海）の投球をバッター宮本敏雄（巨人）が見送った。

（やった、勝ったぞ！）「ボール！」。キャッチャーの私は抗議したが、判定はくつがえらない。次の球を逆転サヨナラ二塁打された。

「円城寺あれがボールか秋の空」（詠み人知らず。円城寺は審判の名前）

そんな俳句が巷に広がりました。ホークスが日本シリーズで巨人打倒を成就するのに、２０１９年まで実に60年の月日を要したのです。

もう１つ。１９９２年ヤクルトは阪神とデッドヒートを繰り広げました。9月のある試合の9回、阪神・八木裕の打球が甲子園球場外野フェンスに当たり、バックスピンがかかってスタンドイン。通常ではありえない不規則な打球の動きでした。

一度ジャッジされた「サヨナラ本塁打」は、抗議により「エンタイトル・ツーベース」に変更。結局延長15回引き分け。この1試合がモノを言い、ヤクルトは１３０試合目に優勝を決めることができたのです（１３１試合69勝61敗1引き分け）。判定をくつがえした平光清審判は責任を取ってそのシーズン限りで辞任。通算３０６２試合に出場した球史に残る名審判でした。

メジャー・リーグでは、審判員組合が20年から試験的に「ストライク、ボール」を判定する「ロボット審判」の試験的運用を決めました。

審判は公平、客観性が大事。審判のジェスチャーが「筋書きのないドラマ」のスポーツの試合を彩ってきましたが、試合時間短縮にもつながるなら、もうロボットの手助けを借りる時代なのかもしれません。

結論

「ＡＩに仕事を奪われる」のではなく、「人間がＡＩを管理している」という意識が必要。文明の利器の助けを借りて、生じた時間を有効活用すればいい。

22

堀江　部下との関係はあくまで「利害一致」
野村　プロ野球は団体スポーツだが、選手は「個人事業主」

堀江　起業したときの最初の社名は「リビング・オン・ザ・エッヂ」。——「崖っぷちに生きる」という意味をこめた。

のちに「有限会社オン・ザ・エッヂ」と改称。つまり、ギリギリの「最先端」。創業メンバーは僕を含めて4人だった。

インターネット黎明期であり、専門的スキルを有する会社はまだ限られていたので、僕らの小さな会社にも仕事がひっきりなしに舞い込んできた。

多忙で帰宅できず、会社に泊まる日が何か月も続いた。イラつきが充満し、口論になる悪循環、結果的に創業メンバーはみな会社を去ることになった。

人間、経験と知識を蓄積するにつれ、考えは必ず変わっていくもの。ずっと友人でいたいなら、「親友」とか「幼なじみ」と一緒に会社をやらないほうがいい。お金も１０００万円、１０００万円を扱うようになればなおさらだ。

ただ、僕が経営者時代には、社員に対して少なくとも会社への忠誠心は要求しなかったし、「同志」のような存在も期待しなかった。

「好きな仕事ができる場」という利害関係や目的が一致すれば、ビジネスはうまくいくと考えていたからだ。

僕がライブドアを買収するとき、「なぜ、倒産した会社の社名をそのまま使うのか」と言われたが、新興のベンチャー企業にとって知名度が重要だった。ただ、それだけ。旧ライブドア社員30人の給料は平均７００万円。コストの中で最も大きな割合を占めるのが人件費。全員を解雇し、再雇用したのは２人。しかも同じ部署には配属しなかった。そこはドライにやった。

野村　ビジネスには「商売」という意味と、もう１つ「感情が入らない」という意味

があります。中小企業に勤めていた知人が言っていました。
「家族のような関係がいいだなんて思っているのは昔ながらの創業社長だけ。ビジネスライクでいいから、信賞必罰でいいから、『もっと給料を上げてくれ』と考えている社員がほとんどでした」

プロ野球は団体スポーツだが、選手は「個人事業主」です。同じ「右のオーバースロー投手」同士とか、同じ「左打ちの外野手」同士とか、キャラクターがかぶる選手同士の仲が悪いのは当たり前です。

ペナントレースは全143試合。1つのパイを分け合い、出番を競い合って、たくさん試合に出たほうの給料が高くなるわけですから。

アマチュアは「チームワークで勝つ」。プロは「勝ってチームワークが生まれる」。

73年南海と阪急のプレーオフ最終第5戦、9回二死。あと1人抑えればリーグ優勝という場面。私はキャッチャーマスクを取って、マウンドに歩み寄りました。
「ミチ（佐藤道郎）よ、あの打者と相性がよくないから交代だ」
「誰と代わるんですか」

「エモ（江本孟紀）や」

「なら、もっとイヤです」

「なんでや？」

「胴上げ投手の一番美味しいところ。よりによって同い年でウマが合わないヤツに何で譲らなくてはイカンのですか」

私は2人の仲がよくないことを知りませんでした。選手同士の関係は知っておかねばならないと痛感したものですが、悠長なことを言っている場合ではありません。

「いまはチームの優勝が一番大事なんや」

江本は3球三振に切って取り、結果的に大正解。悲願の「監督初優勝」を遂げたのです。

結論

部下との関係。最終目的が一致すればビジネスはうまくいくが、ポジションやキャラクターが重複すれば、部下同士の仲がうまくいかなくなることは考慮しておく。

第6章
「カネ」の巻

堀江＝稼いだものは使え

野村＝「貯金」から「投資」しながら戦う

夢中力

23

堀江 「カネ」とは、「信用」を数値化したものだ
野村 「銀座で飲む」というモチベーションで三冠王獲得

堀江 僕のことを「拝金主義」だと思っているかたがいるかもしれないが、それは違う。儲かれば何でもいいというわけではない。ビジネスが成功するには、人間の熱量や愛情が必要で、それによって人の輪ができる。

そして、カネはそれ自体に価値があるわけでなく、僕の定義では「カネは、信用を数値化したもの」である。というのも、物質的に言えば、紙や金属にすぎないのだから。人間以外には何の価値も持たないのだ。

「信用」とはあいまいなものなので、面識も交流もない人と信頼関係は結べない。だから「カネは信用の代替物」であり、「信用」を交換する便宜的な道具であるわけだ。

簡単に言えば「１円」より「１万円」のほうが、信用度が高いということ。
だから、ビジネス的に語るなら「借金がたくさんある人」は、換言すれば「信用がある人」だ。信用のない人には融資できないからだ。

僕自身は「カネを貯める」より「信用を積み重ねる」ことに意義があり、「カネ自体は使うためにある」という信条だ。

野村　プロ野球選手には、シーズン終了後に「契約更改交渉」というものがあります。かたや「選手」、こなた「球団社長」「査定担当」「経理部長」の３人。

・査定担当「２年連続10勝。君の年俸は今年４０００万円だから、来年は45％アップの５８００万円だ」

・選手「50％アップの６０００万円まで、もう２００万円上げてもらえませんか」

・球団社長「10勝はしたが、途中、肩を痛め、１か月２軍落ちした。でも、頑張ったことは認めているから中間を取って５９００万円でどうだ。経理部長、全体予算に余裕はあるかな」

こんな具合です。今年肩を痛めたから、来年も痛めない保証はない。もしかしたら肩痛で1年すべてを棒に振って0勝に終わるリスクもはらんでいる。**選手にとっての「年俸」は「信用度」なのです。**

往年のプロ野球界を代表するキャッチャーが2人います。セ・リーグの森昌彦（祇晶＝巨人→西武監督）、パ・リーグの野村克也（南海）です。

2人とも家庭の経済的事情で大学進学を断念したところが共通点。性格は「森は節約家」、「野村は浪費家」。私は高校時代、ポケットに１０００円も入っていない。貧乏だった反動か、あり金はすべて使ってしまうタイプでした。

でも、「やりくり」リードは私のほう。ピッチャー側からは「森は一流投手を気分よく投げさせるリード」「野村は二流投手の長所を引き出すリード」と評価されました。

私の父親は戦死し、母子家庭。私はプロ入り後、何とか母親に楽をさせたい一心で、貪欲かつ必死にプレーしたのです。

日本で初の「1億円プレイヤー」になったのは落合博満（86年ロッテ→87年中日）だと言われていますが、実は私です。それより10年以上前、私はプレーイング・マネージャーだったので、「選手の年俸」＋「監督の年俸」をいただいていたのです。

プロ野球選手は年俸を月割して、月給としてもらいます。当時は封筒に入れての手渡しで、私の場合、机の上で封筒が立ちました。

私はそのお金を持って銀座や北新地に飲みに走りました。と言っても酒は飲めないので女性を口説きに行ったのです。「英雄色を好む」と言うでしょう。逆に私は色を好んで英雄になろうとした。なれませんでしたけれど。

私の選手時代は「銀座や北新地で飲む」ことが一種のステータスだった。そのステータスのためにはカネが必要。カネを稼ぐためには好成績を挙げる。そういうモチベーションが私を「三冠王」にさせたのだと思います。

結論

「信用」がなければ「カネ」を融資できない。実力の世界であるプロ野球界も同様で、選手の「契約更改交渉」は、その最たるものである。

24

堀江　「カネ」とは「稼ぐ」もの。人生を充実させるために働く
野村　私は「稼げる仕事」に就きたくてプロ野球選手になった

堀江　僕は中学2年生のとき、パソコンに触りたい一心で、「パソコンを使用した英会話スクール」に通っていた。そこの塾講師から打診された。

「教材システムを日立からＮＥＣに移植するんだけど、お前、できる？」

「できます！」

本来なら専門業者に委託すべきシステム変更なのだが、やりきった僕に塾講師たちは拍手喝采だった。新聞配達のように誰にでもできる仕事ではない。アルバイト料は10万円だったが、お金の多い少ないの問題ではない。達成感は僕の胸にしっかりと刻まれた。

「『働く』ってこういうことか。カネとは『もらう』ものでなく『稼ぐ』ものなんだ」

人はメシを食うために働くのではない。「働く」ことは「生きる」こと。「自らの生を充実させるために働く」のだと思う。だから、僕はカネがほしくて働いているわけではない。

僕は講演会でよく聞かれる。「どうすれば成功できますか?」

多くの人は「成功へのショートカット」「楽な道」を求めている。

でも、思い違いしてはいけない。誰しも出発点は「ゼロからのスタート」なのだ。そして、最初は「足し算」から始まる。「掛け算」ではない。「ゼロ」の自分にいくつ「掛け」ようと、ゼロでしかない。

野村 私は正直に言うとカネがほしくて、「稼げる仕事」に就きたくて、プロ野球選手になりました。私が3歳のときに父親は戦死し、母と兄の3人暮らし。母は2度大病を患い、生活はいつも火の車。たくさん稼いで母親を楽にさせたかった。

最初は「歌手」を志しましたが、学校の音楽部で自らの才能のなさに気づきました。

次にめざした「映画俳優」は、鏡でわが顔をまじまじと見てあきらめました。

最後に残ったのがプロ野球選手。大学新卒の月給が１万円の時代、テスト生でプロ入りした私の月給は７０００円、そこから寮費を引かれ、残った３０００円から１０００円の仕送り。

母の死後、預金通帳を見て、仕送りを一銭も使っていなかったのがわかって、「母親とはこういうものなんだ」と涙が出ました。

プロ野球選手になると、そこで満足してしまう選手が実に多いのですが、プロのユニフォームに袖を通しても、「スタートライン」に立ったのにすぎません。ゼロからの出発です。

それに、野球のホームランは、走者が４人いると「満塁ホームラン」で一気に４点入りますが、基本は１本１本のヒットの積み重ねです。

亡くなった女房のサッチー（故・沙知代夫人）には、「女性に使わないように」と現金を持たせてもらえず、私は「キャッシュカード」も知りませんでしたね。だから支払いはいつも「クレジットカード」。クレジットカードなら明細が自宅に届いて、サッチーは私が何に使ったかわかります。

以前は、時計やネクタイが好きでしたが、最近は物欲もなくなりました。

サッチーとは「一人暮らしになったときのルール4か条」を決めていました。

(1)死ぬまで働き続ける――(生きる目的を持つ)

(2)「もうこれぐらいでいい」は禁止――(自己限定しない)

(3)自分のことは自分でやる――(経済的にも年金に頼らない)

(4)健康のために我慢しない――(好きなものを食べ、よく眠る)

お陰様で、ありがたいことに毎日仕事があります。

「プロデューサー、何で私じゃないといけないの」

「野村さんじゃないと駄目なんです。経験による含蓄が言葉にありますので」

「そんなに毎日『連投』させると、ピッチャーじゃないけど、肩壊しちゃうぞ」

結論

どんなに成功した人でも、最初は「ゼロからの足し算」であって「掛け算」ではない。野球の「満塁ホームラン」も、基本は1本1本の安打の積み重ねである。

25

堀江「貯金型思考」より「投資型思考」
野村「貯金」から「投資」しながら戦って優勝

堀江 僕の小学校では、お年玉を郵便貯金することが奨励されていた。

自分がもらったお年玉だから、漫画を買ったりゲームセンターの資金にしたり、自分の好きなように使いたかったのに「なぜ半強制的に貯金しなければならないのか」、子ども心に不思議で仕方なかった。しかも、郵便局員がわざわざ学校に訪れ、児童はお年玉の現金を小学校に持参していた。

「貯金」は目先の不安を取り除くかもしれないが、カネは使ってこそ生きるもの。

農業経済が人々を支えていた時代は、コツコツと働いて食料を貯めておくこと、つまり「貯金」は正義だった。まさにイソップ童話の「アリとキリギリス」の話そのものだ。しかも、日本人は農耕民族だけにその話を強く信仰してきた。

しかし、僕は「貯金型思考」より「投資型思考」にスライドしたほうがいいと思う。例えば、いま手元に1万円あるとする。**「貯金型思考」は1万円を使わずに保険として置いておき、毎月何万円かずつさらに貯めていこうという考え方。一方「投資型思考」は1万円を元手にして、１００万円に増やすにはどうしたらいいかを考える。**


野村　野球では「貯金」と「借金」の単語をとてもよく使用します。新聞のスポーツ面の野球の記事のどこかで、この表記を見つけられると思います。

いわゆる「勝ち試合」と「負け試合」の差で、勝ち試合のほうが多いときは「貯金」と呼び、負け試合のほうが多いときは「借金」と呼びます。

借金があるときはまず返済を考えますが、貯金があるときは、それをうまく使いながら、長いペナントレースを戦っていきます。

例えば、出始めの若いピッチャーには「この試合先発して5点まで取られていい」と言ってやれば、若いピッチャーのほうも1点取られるたびにビクビクせず、5点までは腹をくって投げられる。仮にそれが負け試合になったとしても、その体験を生**かして翌試合に好投するでしょう。ビジネスで言うなら「投資」です。**

楽天時代に「ミスターイーグルス」と呼ばれた礒部公一という選手がいました。しかし年々、力が衰え、ある試合でコーチが私に進言してきました。

「監督、代打を送りましょう」

「出してみなきゃ、打てるかどうか、わからんだろう」

礒部は案の定、三振してベンチに戻ってきました。私はコーチに真意を話しました。

「あそこで代打を出したら、あいつ終わっちゃうぞ。レギュラーでバリバリやってきて、『ミスターイーグルス』とまで言われた男を、春先のたった1打席で気持ちを腐らせる必要はないだろう。まだシーズンは始まったばかりだし、あの1打席でヤツの1年間を棒に振ることはできん。あいつに頑張ってもらって、最後に一緒に優勝したほうがいいんじゃねえのか」

私はこれも「気持ちの投資」だと思うのです。

プレーイング・マネージャー時代を含め、監督通算24年間で1565勝1563敗。貯金はわずか2、勝率・500。過去1000勝以上した13人の監督の中で「貯金」は最低です。

チームを引き受けた前年の順位は南海6位、ヤクルト4位、阪神6位、楽天6位。前年の勝率は5割以下。つまり、「貯金」どころか「借金」を抱えるチームでした。それでも私は「投資型思考」でシーズンを戦い、チームを発展させてきました。

セ・リーグ、パ・リーグとも6チームずつあるわけだから、6年に1度優勝すればいい計算。私は、ほぼ最下位チームを率いて24年間でリーグ優勝5度、日本一3度。投資が実を結んだと言っていいのではないでしょうか。

結論

「貯金」は必要なときに使ってこそ価値が倍増する。プロ野球は、まさに「貯金」を投資しながら「人を育てる」スポーツである。

第7章
「時間」の巻

堀江＝仕事に没頭し、死を考えない

野村＝死ぬまで働き続ける

夢中力

26

堀江 「死」が怖い。「時間」は「命」そのものだ

野村 人が勝てないものは、時代と年齢

堀江 忘れもしない。小学校1年生の11月。僕は7歳になったばかりだった。

「ああ、いつか僕は死ななくてはならないんだ」

学校からの帰途、不意に僕を恐怖が襲ったのだ。

1日24時間。どの人間にも時間だけは平等に与えられている。でも、死んだらすべてがなくなってしまう。

「生と死」は太古の時代から人間にとっての「永遠の命題」であるとはいえ、以来、「死の恐怖を克服すること」は、僕が生きる上での「最大のテーマ」になったのだ。

少しでも油断すると「死の恐怖」が頭をよぎる。常に「死の恐怖」との背中合わせ

になりながら、でも、遂に僕は「死の恐怖を遠ざける」方策を2つ見つけ出した。
「死ななくなること」――技術的到達点はすぐそこまで来ている。
「死を恐れなくなること」――仕事を中心とした何かに没頭し、死を考えない。

時間は有限。「時間」は「命」そのものです。

“Time is Money.”（時は金なり）ではなく、
“Time is Life.”（時間は命）である。

無罪を主張し続け、実刑判決が確定したのは11年。裁判で貴重な5年を費やした。さらに懲役2年6か月の実刑判決。

多くの人は「時間」より「カネ」を大切にするが、反対ではないかと思う。「カネ」はあとで稼ぐことができるが、失った「時間」は取り戻せないから。

「自分の心が動くこと」以外には1秒も使いたくない。「時間」のことでよく勘違いされるのだが、「ワクワクすること」「自分にしかできないこと」は5時間でも10時間でもやる。だから、毎晩のように2次会3次会と飲み歩く。

人生たかだか80年程度。小学校から大学まで16年間、卒業後、企業に就職して65歳定年まで43年間。その計59年間は、80年の命のうち74％に相当する。「自由な人生」が残り4分の1というのは短すぎないか。

細かいことだが、自宅に住んでいたときも掃除と洗濯はハウスメイドに頼んでいたし、ホテル暮らしの現在もホテルのクリーニングに頼んでいる。その2つからは自分にとって何も生まれない。**時間がもったいない。時間をいかに効率的に使うか。「時間の最適化」を図っている。人生一度きりしかないから、多様な視点を持って、「好きなこと」「やりたいこと」に臨みたい。**

そんな僕がいま没頭しているのは2006年から取り組んでいる「宇宙ビジネス」。中学1年生のころから僕はロケットに強い関心を抱いていた。化学教師の指導のもと、ロケット発射実験を行なった。

宇宙開発事業を進めることによって、僕は人類の未来と可能性を広げる「新たなインフラ」をみんなに提供したい。みんなと楽しみを分かち合うことによって、幸せを実感できると考えているからだ。

お金さえ払えば誰でも宇宙へ行ける時代。しかし、現在はそれが1人60億円ととてつもなく高い。ロケットを大量生産しさえすれば、宇宙旅行の価格も1人数千万円まで下がるだろう。誰もやらないから僕がやる。人類の未来のために投資している。

野村　「人が勝てないものは、時代と年齢」だと聞いたことがあります。人間が「時間」を効率的に無駄なく使う理由は、「死の恐怖」と「余命」から来ているそうです。

私より1学年下の上田利治（阪急監督）が17年に亡くなったときはショックでした。ある意味、順番です。

私は息子のカツノリ（野村克則＝現・楽天コーチ）に車いすを押してもらい、グラウンドで死ねたら本望です。

結論　**「何かに没頭し、死を考えない。現在、ロケット事業に没頭中」（堀江）。「息子に車いすを押してもらい、グラウンドで死ねたら本望」（野村）。**

27

堀江 睡眠で決まる「仕事の質」と「ストレスフリー」
野村 寿命を伸ばす「カメ理論」

堀江 「ショートスリーパー」は早死にすると言われる。ショートスリーパーの代表格の職業は漫画家だが、天才漫画家だった手塚治虫さんは60歳、赤塚不二夫さんは72歳で亡くなった。

「ストレス」が万病の原因。ストレスのほとんどは人間関係に由来する。

「人には過剰に期待しない」

「裏切られても当たり前」

「貸したカネは返ってこない」

渡辺淳一さんの著書の『鈍感力』を念頭に行動しないといけない。いちいち腹を立てていたらキリがない。

「言いたいことを言う」

「食べたいものを食べる」

「やりたいことをやる」

健康の源は「ストレスフリー」と「充分な睡眠」に尽きる。睡眠時間はどんなに少なくても最低6時間を確保したい。

睡眠不足で仕事の効率が下がったら本末転倒だ。東大受験のときも「4当5落」（4時間睡眠なら合格、5時間睡眠なら不合格）と言われる中、僕は10時間睡眠。

僕は朝が苦手だ。起業してから午前中に打ち合わせを入れたことがない。

野村　昔の野球記者は早死にが多かったのです。試合が終わったあと、選手と朝方まで飲んでいて「睡眠不足」。地方遠征もあって「不規則な生活」。

考えながら記事を書くから「煙草」が手放せず、ヘビースモーカーが多かった。現在では考えられませんが、各自のデスクに灰皿が置いてあるのが普通でした。新聞社の運動部野球班に顔を出すと、青白い煙が充満している。

いまのようにパソコンでメール送信でなく、原稿用紙に手書き。締切で「ストレス」もたまる。

睡眠不足、不規則な生活、ストレスと三拍子そろっていた。しかも、酒で肝臓をやられ、煙草で肺をやられる。かつては55歳が定年でしたが、それを少し過ぎたあたりで亡くなる記者が多かったのです。

私は「宵っ張り」です。夜更かしが普通で、昼近くまで寝ています。

プロ野球のナイトゲームは18時に始まって、21時半ごろに終わります。シャワーを浴びて帰宅したら23時。スポーツニュースを見ながら遅い夜ご飯を食べ、試合のことを考えながら床に就くのは深夜3時前後。

当然、起床は10時過ぎ。球場入りは13時〜14時以降。そんな生活は現役時代から60余年も続いています。

現在の野球評論家の仕事もそのぐらいの時間からです。「年を重ねると朝早く目覚める」ものですが、プロ野球関係者にその定説は当てはまりません。

それにしても「走れ」「食え」が代名詞だった、あの不死身のカネやん（400勝投手の故・金田正一氏）でさえ、2019年に86歳で亡くなった。

私は1935年生まれの現在84歳です。私には持論があります。人呼んで「カメ理論」。**若いころは丈夫なプロ野球選手でも、年をとってからの運動はよろしくないと思っています。動かないカメは「万年生きる」というではないですか。**

亡くなった女房の沙知代（2017年12月没。享年85）と決めていた「一人暮らしになったときのルール4か条」。

そのうちの1つは「死ぬまで働き続ける」でした。ほかにも「健康のために我慢しない」というのがありました。だから「好きなものを食べ」「よく眠る」を実践しています。

結論

睡眠不足とストレスは「長生き」の大敵。好きなものを食べ、よく眠る。いちいち腹を立てていたらキリがない。「鈍感力」も大切。

28

堀江　時間の「最適化」、「隙間時間」を価値あるものに
野村　イチロー打法の「修正」、張本勲への「空き時間」の有効活用

堀江　僕は常に「時間の最適化」を考えている。「これは無駄だなと感じたら省く」「すべきことの内容が似通っていたらどちらか1つにする」というように、すぐに改善していくのだ。

企業だってそうだろう。「ＰＤＣＡサイクル」――Plan（計画）、Do（実行）、Check（評価）、Action（改善）。改善を繰り返すことによって無駄を省き、コストパフォーマンスを上げる。

時間の最適化という点において僕はさらに、「空き時間」や「待ち時間」などの、いわゆる「隙間時間」を有効に使う。

僕は都内の移動は電車ではなく、車。車内でスマホを使う。20分の移動時間なら、10分かかる「原稿チェック」を2本済ませることができる。ルームランナーのランニングでは、例えば10分間走ったら、早歩きの「インターバル」を2分取る。この間もスマホを眺めて、情報を浴びるのだ。

野村　野球界では「修正」という表現を多く使います。

先述した「私がデータを活用し始めたきっかけ」は、プロ4年目にホームラン王を獲ったあとの、2シーズンにわたる低迷です。当時、先輩からこんなことを言われたのです。

「野村、殴ったほうは忘れていても、殴られたほうは覚えているからなぁ」

本当に人を殴った殴られたという話ではなく、私にホームランを打たれた投手は私を研究し、次の対戦のときに私に対して別の攻め方をしてきたという話です。

私に対してどういうピッチングをしてきたか。常にデータをアップデートしなくてはいけない必要性を実感しました。つまり、「修正」です。

日本で7年連続首位打者を獲って海を渡ったイチロー（オリックス→マリナーズ）でさえ、代名詞であった「振り子打法」をメジャー・リーグ1年目途中から封印しています。これも「修正」です（結果、メジャー1年目に首位打者獲得）。

私が言わんとすることは、知らぬ間に相手は変化、進化を遂げている。前の成績がよかったから、打撃フォームなどを変えないでそのままでいるのではなく、こちらも常に変化、進化、修正、最適化を心がけていないといけないということ。

さらに、これも先ほど私が「野球《しごと》に学び、野球《しごと》を楽しむ」の項目で少し話しました。野球は攻守が完全分離していて、攻守交代の間《ま》があります。1球を投げ、また次の1球を投げる。そこにも間が生じます。

1試合、1回から9回まで、ピッチャーは約135球を投げる。ということは、134回の間があるということ。この「空き時間」を有効活用しない手はない。そこで、私が得意としたキャッチャーの「ささやき戦術」です。

アウトコースぎりぎりにいい球が来たとする。

「ストライク！」

審判のコール後、バッターに聞こえるように言う。

「おい、まだ余裕あるぞ！」

（え、ぎりぎりじゃないの？）と、バッターはあせるかもしれない。

実はピッチャーまで声が届いていない。ピッチャーに話しかけるふりをして、バッターに話しかける。あくまでも「独り言」なのだ。

ＴＢＳの番組「サンデーモーニング」の名物コーナー「週刊御意見番」に出演し、「喝！」でお馴染みの張本勲（東映＝現・北海道日本ハムファイターズ）は、何か言うたびにバッターボックスをはずした。私の言葉が気になって仕方ない。張本も「首位打者7度」を誇る天才打者だが、平常心をかき乱されて、もうバッティングどころではない。「ささやき戦術」には効果があった。「空き時間」の有効活用です。

結論

堀江の「最適化」の考えは、野球界では「修正」と表現される。野球界でもデータを随時「修正」、「空き時間」の有効活用でパフォーマンスを上げるのだ。

第8章「生き方」の巻

堀江＝ゴルフのパットは強めに
野村＝最下位チームの監督を引き受けて優勝

29

堀江　「肩書き」を3つ以上持てば価値は1万倍になる
野村　私は「捕手」「4番打者」「監督」の三刀流だった

堀江　僕は起業してから、あらゆる業界の仕事を手がけてきた。

「複数の異なることを効率よく同時に遂行できる」能力は貴重だ。

「インターネット」が、横から串刺す「水平分業モデル」だから可能になったこと。それが「掛け算」になっていく。

「肩書き」を掛け算することによりレアな存在になり、希少価値は高まるのだ。

僕の「肩書き」は「実業家」「経営コンサルタント」「プログラマー」「作家」「ロケット開発者」「飲食店プロデューサー」「オンラインサロン主宰者」「Jリーグアドバイ

ザー」とさまざまだ。

「肩書き」を3つ以上持てば価値は1万倍になるそうだ。

さらに元リクルートの藤原和博さんが言っていた。

「1つのことに1万時間をかければ『１００人に1人』ぐらいの能力は得られる」

1万時間ということは、1日8時間として１２５０日。年間２５０日稼働するとして5年を要する。

しかし、野村さんは「肩書き」という以前に、「野球」という1つの分野で60余年生きてこられた。「生涯一捕手」という野村さんの有名な座右の銘があるが、「生涯一野球人」でもあった。

イチローさん（オリックス→マリナーズほか）も野球界で現役28年、三浦知良さんもサッカー界で38年でなおも現役。

われわれ観る者に元気と勇気を分け与えてくれた。これはすごいことだと思う。

野村　野球界では大谷翔平（日本ハム↓エンゼルス）が「二刀流」で大ブレイクした。

プロ野球に入るような選手は、子どものころはみんな「エースで4番」。しかし、それがプロ野球選手になってからも続くのは、ものすごく稀有な例です。「投手」と「打者」を同時にやることによって、「投手も半人前」「打者も半人前」になるのではなく、そのまま「投手も一流」「打者も一流」ですから。

プロ4年目の16年に「投手として10勝、日本最速１６５キロ」「打者として１００試合１００安打、打率３割20ホームラン」をマーク。日本一の原動力となって、史上初めて「ピッチャー部門」「バッター部門」の両方で「ベストナイン」に選ばれたのです。というより、16年から同一選手を「ピッチャー」「バッター」両方で記者投票できるようにルールを改正させてしまった。

さらに18年、メジャー・リーグに行ってからも、「ピッチャーで10試合登板、バッターで10ホームラン」は、あの伝説のベーブ・ルース以来、実に１００年ぶり２人目のことでした。

もっと細かく言えば、「ピッチャーで10試合登板、バッターで22ホームラン、10盗塁」はメジャー・リーグ史上初の快挙でした。

私も手前味噌ながら、選手時代に3つの重責を担いました。

・「捕手」――――試合の進行役
・「4番打者」――――三冠王
・「プレーイング・マネージャー」――73年パ・リーグ優勝

そんなこともあって、150冊ほどある著書は3分野に分かれています。

・「選手育成」分野――『私の教え子ベストナイン』（光文社）ほか
・「技術」分野――『野村ノート』（小学館）ほか
・「自己啓発」分野――『リーダーとして覚えておいてほしいこと』（PHP）ほか

結論

1つのことに「1万時間（5年）」をかければ「100人に1人」の能力を得られる。野村は3つの「肩書き」を兼務しながら、野球に66年の歳月をかけてきた。

30

堀江　他人や普通とは違うからこそ、「道」は開ける
野村　総合力の「ゼネラリスト」より、個性の「スペシャリスト」

堀江　なぜ朝食は「ご飯に納豆」なのだろう？　なぜみんな「行列に並ぶ」のだろう？　なぜみんな「満員電車に乗る」のだろう？

同じことをやれば、みんなと同じ結果が返ってくるのは当たり前だ。せっかく「資格」を取得しても、今度は「資格取得者」の中での競争である。

特に「満員電車」に乗るストレスと時間の無駄を考えれば、職場の近くに住むほうがどれだけ効率的か。

多くの人たちは普通に就職するが、僕はあえて起業した。

「鶏口となるも牛後となるなかれ」

ことわざ通り、小さくとも「組織の長」となる道を僕は選んだ。

そして、株式投資の世界にも格言がある。

「人の行く裏に道あり花の山」

「人が売るときに買い、人が買うときには売れ」

要するに、人生の成功者は、「誰もやらないこと」を黙々とやってきた人たちである、と。


それに関連するかどうか、一流経営者の中には「ときどき歩いて帰宅する」人が多い。**ふだんと「違う道」で帰宅すれば、ふだんと違う情報を入手したり、「良質な刺激」を得られたりする。まさに「道が開ける」可能性も出てくる。**

野村 私は試合に負けると、験《げん》を担いで球場へ行く道を変えていました。ふだんとは違う道を通ることは「験」とかという問題はもちろん、自分の知らないうちに新たな情報が目に入るという点において、采配面に好影響を及ぼしていたのかもしれません。

野球界で、同じようなタイプの選手は何人も必要ない。私はドラフト会議前に、スカウトにこう言います。

「ホームランを何十本打っていても関係ない。アマ野球はチームのレベル格差が大きいのだから、弱いチームのピッチャーからはたくさんホームランを打てる。**それよりも他人より足が速い、遠くに投げる、遠くに飛ばす。いわゆる『俊足』『強肩』『長打力』のいずれかに秀でた、天賦の才能を持った選手を探してきてくれ**」

つまり、「個性と長所」を伸ばすのが選手育成のコツなのです。

「個性」ということで、思い浮かぶ選手。昨シーズンオフ、12か国で戦った「世界野球プレミア12」で、優勝に貢献した周東佑京（福岡ソフトバンクホークス）の「誰にも負けない俊足」は魅力的でした。

同じくプレミア12で好投した高橋礼（福岡ソフトバンクホークス）。世界的に「日本にしかいない」アンダースロー・ピッチャーです。

「走攻守3拍子そろった選手」という表現がありますが、はっきり言ってしまえば「平均点で特長のない選手」のこと。マスコミが都合よく使っているだけなのです。

もちろん「トリプル・スリー」を成し遂げた山田哲人選手（ヤクルト）のように高いレベルで3拍子そろっていれば別ですけれど（トリプル・スリー＝打率3割、30ホームラン、30盗塁）。

私は監督時代、「一芸に秀でる」選手を重用しました。総合的に優れたレギュラーのような「ゼネラリスト」ではなくても、個性に秀でる「スペシャリスト」の存在は貴重です。「内野守備のスペシャリスト」「送りバントのスペシャリスト」「盗塁のスペシャリスト」……。

監督からすれば「アイツに任せておけば大丈夫だ」という選手は頼りになりましたし、選手側からすれば「オレはこの分野なら誰にも負けない」「この分野で生きていくんだ」と本人たちも自信とプライドを持っていました。

結論

同じような選手は2人も3人も必要ない。「代わり」はいるわけだから。その人だけしか持っていない「個性」ある選手こそが求められる。一般社会でも同様だ。

31

堀江　裁判で無罪を主張。いつも「本音」で生きてきた

野村　関西政財界の重鎮である阪神オーナーに「本音」の直言

堀江　僕はいつも自分に対して正直に生きてきた。いつも本音で生きてきた。裁判のときでも自分に「折り合い」をつけて、「結果的に違法行為になってしまいました」と、調書にサインさえすれば執行猶予がついただろうに。

しかし、かたくなに無罪を主張したので、実刑判決をこうむることになったわけだ。

僕は「職場で本音を言ってはいけないのですか」との質問をよく受ける。

ライブドア時代の僕は「創業社長」であるから、ある意味、絶対的な存在だった。

しかし、社長室は特につくらないで、他の社員の横で普通に仕事をしていた。同じ

フロアの社員に用件を伝えるのも、直接話して伝えるのではなく、メール送信。社員のほうも僕に特段気を使わなかった。社内の飲み会も「付き合い」の範囲内だった。いろいろなタイプの上司がいるだろうが、僕は必要以上にウェットな関係を好まなかったのだ。職場は「セミドライ」の関係がいいと思っている。

僕に質問をしてくる人は、本音を言ったことで上司の逆鱗《げきりん》に触れたり根に持たれたりして、不利益な扱いを受けるのではと心配しているだろう。だが、いまの日本、本音を言ったぐらいで解雇されるような会社はない。

野村　私が阪神タイガースの監督時、阪神電鉄会長であるとともに、その子会社である阪神タイガースのオーナーを務めたのは、故・久万俊二郎氏でした。関西政財界の重鎮だった久万氏は、野球記者との話の中で、こう語ったことがあったそうです。

「球団より会社（電鉄）だ」

「私は野球を好きじゃない」

１９８４年に阪神オーナーに就任した久万氏の時代のチームの成績は、私が辞める

２００１年までの18年間でAクラス（3位以上）は3度だけ。実に10度が最下位でした。

「組織はリーダーの力量以上に大きくならない」という原則論があります。

プロ野球監督はよく「企業の社長」にたとえられますが、半面「雇われマダム」でもある。3年契約でも、場合によっては1年でクビを切られるのですが、私は阪神監督3年目、意を決して久万オーナーに面会を求め、こんな趣旨のことを直言したのです。

「阪神の低迷の要因は（野球に関心のない）久万オーナーにも責任があります。昨今の野球の心臓は編成部です。エースと4番打者になれる選手をドラフト会議で指名しなければ、何年たっても変わりません。まずオーナーの考え自体を改めていただかないと」

「君は言いにくいことをはっきり言うね」

久万オーナーは、怒りに火がついたように顔を真っ赤にしました。

しかし、愚直と言われようと、野球を愛するがゆえ、私は言わずにはいられなかったのです。「本音」ではなく「建前」で生きていれば、もっとたくさんの監督要請があったでしょうに、つくづく不器用な生き様だと思います。

知人のサラリーマンが言っていました。

「上司から嫌われて左遷されるのを恐れていた。権力を笠に着る上司は、いくら忖度しようと、いつまでたっても権力を笠に着る。そんなことにおびえてグチを言いながら長く働くのをよしとするか、しないか」

「『辞める、辞める』というヤツに限って辞めない。切羽詰まっていないから。腹をくくっていないから。本当に辞めるヤツは、黙って就職活動をして、さっさと辞める。僕はそうしました」と。

結論

「組織はリーダーの力量以上に大きくならない」。忖度しても、権力を笠に着る上司は変わらない。自分自身に正直に生きていれば、少なくとも後悔はしない。

32

堀江　人のやっていることをマネして、ギブする
野村　バッティングフォームは「形態模写＋自分らしく」

堀江　「堀江貴文のブログでは言えない話」は、文章量が膨大なので驚かれることが多い。この「有料メールマガジンのビジネスモデル」は僕の思いつきではないが、人気の有料メルマガを購読し、自分のものにも採り入れて、改善を重ねてきた。

そして、僕は「ギブ（give）」の精神を決して忘れない。ビジネスの基本はすべからく、「もらったお金以上の価値を相手に提供する」ことにある。

僕のメルマガは月額８８０円（１配信あたり約２２０円）だが、年間数百万円から数千万円に発展するビジネスアイデアを提供しているつもりだ。

「マネ」することは、結果的に「個性」を育てる。だから「いいな」と思ったことを

参考にしてマネをする。すると、人の「行動」は、人に「新しい思考」をもたらす。そして「新しい人」が誕生するのだ。

盟友の西野亮廣が言っていた。

「『目的とアプローチ』がずれている自分はバカだった。自分がやりたかったのは『一番を獲ること』なのに」と。

「踊る!さんま御殿!!」で西野が結果を出せば明石家さんまさんが評価され、「笑っていいとも!」で西野が結果を出せばタモリさんが評価され、「人志松本のすべらない話」で西野が結果を出せば松本人志さんが評価される。当然のことだ。

「人がつくったレール」に乗って成果を出すのではなく、「自分がレール」をつくらなくてはいけない、と改めて話した。

野村 私のプロ入り当時の優秀な打者は、3歳上の山内一弘さん（大毎＝現・千葉ロッテマリーンズ）、2歳上の中西太さん（西鉄＝現・埼玉西武ライオンズ）の2人が代表的でした。私はキャッチャーなので、幸いにしてバッターボックスの間近で感覚がつ

かめます。**だから、自分のバッティングフォームを確立するにあたって2人のマネ、「形態模写」をやってみたのです。**

まず、中西さんの「体重移動打法」。どうもしっくりこない。次に山内さんの「軸回転打法」を試してみました。「よし、オレは山内流だ」。

「体重移動打法」とは、「後ろ側の足」から「前側の足」に、体重移動させて打つ。テニスのスマッシュを打つときを思い浮かべるとイメージしやすいでしょう。ジャストミートの瞬間、後ろ側の足が宙に浮いている。原辰徳（巨人）、古田敦也（ヤクルト）、イチロー（オリックス→マリナーズほか）がこの打法ですね。

「軸回転打法」とは、重心を「後ろ側」の足にかけて「軸回転」させて打つ。いわゆる一般的な打ち方です。落合博満（ロッテほか）、松井秀喜（巨人→ヤンキースほか）、山川穂高（埼玉西武ライオンズ）がその打ち方です。

私は自分のバッティングフォームを確立し、三冠王を獲得。ヤクルト時代は「野村ＩＤ野球」、阪神時代は「野村の考え」と題したミーティングをやりました。**私がプロ入り後、会得した野球知識をすべて選手に還元、与えたつもりです。**

そして私は選手に言いました。「正しい方向への努力をしなさい」と。
「野球は筋書きのないドラマ」だと言われます。ドラマには「主役」と「脇役」がいる。主役は4番を打つようなホームランバッター。脇役は主役に彩りを添える人です。**非力なバッターがホームランを狙っても打てるわけがありません。「脇役」の宮本慎也（ヤクルト）はそこをわきまえていて、コツコツとヒットを積み重ねました。**

ホームランは選手生活19年で62本しか打っていません。1年平均3本です。なのに、送りバントは通算４００個以上もありました。しかし、遂にはプロ野球選手の名誉である「名球会」（打者で通算２０００安打）に入ったのです。

自らを脇役とわきまえ、「正しい方向への努力」「目的に適したアプローチ」を実践し、成功した例ですね。

結論

「目的」に向かっての「アプローチ」がずれていたら意味がない。例えば、「脇役」タイプは「主役の座」を狙うのではなく、「超一流の脇役」をめざすのだ。

33

ゴルフのパット。「弱めに打つ」のか、「強めに打つ」のか

堀江

3年連続最下位の阪神監督、「やらないで後悔」と「やって後悔」

野村

堀江 「やる」か「やらないか」の話で、僕はよく「バンジージャンプ」を例に挙げる。命綱のロープは結んである。飛ぶことを強要しているわけではない。あとは「飛ぶ」か「飛ばない」か。すなわち「挑戦」か「現状」かを自分で決める。

もう1つ。ゴルフの「パット」には性格がよく表われる。「このパットを沈めればバーディー」というチャンスでの選択肢だ。

「弱めに打つ人」は、リスクを恐れる人。ボールはカップの前で止まることが多いが、最低でもパーを取ることで満足するわけだ。ただし、こういう人は、パーも取れず結局、ボギーになることが多い。

一方、「強めに打つ人」。カップをオーバーして、バーディーを逃したとしても、オーバーしたことにより芝のラインを見分けられるので、返すパットでパーが取りやすい。それ以前に直接カップインして、バーディーを取れる可能性もあるのだ。

「挑戦する」という意味においても、「ショート」するより「オーバー」したほうがいいだろう。

挑戦のない人生に意味はない。

・近鉄バファローズ買収に名乗り出て、プロ野球界に新規参入することに挑戦した。
・ニッポン放送とフジテレビを買収し、メディア革命を起こすことに挑戦した。
・衆議院議員候補として出馬し、総理大臣になることに挑戦した。
・「ロケット事業」と「和牛ビジネス」に挑戦した。

最後の2つを始めたころは周囲から批判もされたが、「え？　やれますよ」と、当たり前の気持ちで突き進んだからこそ、いまがある。

特にロケット事業は莫大な資金を投入し、ビジネスとして考えればとっくに「損切り」の対象だった。

しかし、19年5月4日、宇宙ベンチャー、インターステラテクノロジズの小型観測ロケット「MOMO」の3号機が、北海道大樹町から遂に打ち上げられたのだ。ロケットは高度100キロの宇宙空間に到達し、柴山昌彦文部科学大臣（当時）からの応援コメントも発表された。

これまでやってみて失敗したことは多いが、挑戦したからこそ「貴重な経験」を得られたのだ。

人は死ぬときに「やったこと」より「やらなかったこと」を、より深く後悔するそうだ。時間は巻き戻しできない。とにかく何でもやってみることである。

野村　私が「阪神監督を引き受けたこと」は、人生における最大の失敗です。NHKの解説者が決まっていたのに。「やらなければよかった」と、いまだに強く思っています。

阪神の監督にとって大変なのは「ファン」「タニマチ」「スポーツマスコミ」の3つ。

・「ファン」は、阪神がどんなに負けようが、熱烈な応援を選手に送る。

・「タニマチ」は、「あんな監督、長くても2〜3年やから辛抱せいや」と選手に話す。

・「スポーツマスコミ」は、選手を批判することによって選手が取材を受けつけなくなるのを恐れる。勝てば選手をほめたたえ、負ければ監督をこれでもかとばかり叩きまくる。関西のスポーツ紙は、負けても阪神が一面。選手が「自分は大選手だ」と勘違いしてしまう。

だから選手は私の言うことなんぞ聞きやしません。就任前、最下位でも何とかできる自信があった。しかし、3年連続最下位。南海、ヤクルト、楽天はそれなりの結果が出たのですが、阪神はそれどころではなかった。

しかし、「やらなければよかった」はそれこそ結果論であって、「やらないで後悔」するより「やって後悔」したので、やはりよかったと思います。

結論

「挑戦」か「現状」か。「挑戦」のない人生に意味はない。たとえ失敗しようとも、貴重な経験が必ずや財産になる。

34

堀江 「恨む」とは、自分の時間を他人に使う「有害無益」

野村 私は「劣等感」を反骨のエネルギー源にした

堀江 いわゆる「ライブドア事件」の際、かつての仕事仲間が僕にとって不利な発言をし始めた。マスコミはこぞって、こう聞いてきた。

「裏切られてショックですよね」

きれいごとではなく、僕は過ぎたことで他人を恨《うら》んだり、妬《ねた》んだりしない。

なぜなら他人を恨んだり妬んだりするということは、「自分の大切な時間」を、他人のために使うということだ。しかも、過ぎたことはもう戻ってこないのだ。こんな有害無益なこと、ないではないか。

野村 人間とは、欠点が非常に強烈に見えたり、気づいたりするもの。長所は意外に見えなかったり、気づかなかったりすることが多い。

とはいえ、そこが私のよくないところです。いいところを見ようとしない。**悲しいかな、これはキャッチャーの習性です。バッターの弱点ばかり探しているから、自然と性格がそうなってしまう。**「環境が人をつくる」と言うように、キャッチャーという役割が私をこんな人間にしてしまったのです。

キャッチャーというのは「完璧主義者」「理想主義者」でなければならない。

まずは「完全試合」をめざす。フォアボールを出したら、次は「ノーヒットノーラン」を狙う。ヒットを打たれたら、その次は「完封試合」が目標だ。

しかし、「理想」と「現実」は重なりそうで重ならない。そのギャップが私をグチらせる。「ぼやきの野村」は、そうやってできてしまったのです。

思えば、私が王貞治（巨人）に次ぐ史上２人目の通算６００本塁打を達成（後楽園球場）した１９７５年の記念すべき試合で、観客はわずか７０００人でした。巨人はいつも4万人以上の観客を集めるのに。

「同じホームランなのに、王とどこが違うんだ。セ・リーグとパ・リーグの違いだけじゃないか」

嫉《そね》み、妬み、恨み。

そんなときフラッシュバックした。子どものころ、夕飯のときの母親との会話。

「おかん、太陽が沈んで日が暮れているのに、あの花は綺麗に咲いているなぁ。不思議やなぁ」

「あれはな、月見草といって、夜に咲く花なんだよ」

――オレは生まれ故郷の、まさにあの月見草だな。一生懸命、綺麗に咲いているのに誰にもじっくりと見てもらえない……。

それで、あの言葉が生まれたのです。

「王貞治と長嶋茂雄、ONが太陽を浴びる向日葵《ひまわり》ならば、私は野にひっそりと咲く月見草」

「月見草」人生――マスコミから相手にされない。女子からも相手にされない。

しかし、そういう劣等感の積み重ねが、私の反骨精神の源になりました。

「負けてたまるか！」

テスト生から日本一の監督になった。日本海の田舎者の努力が、大都会で花を咲かせ、結実したのです。

結論

嫉み、妬み、恨み――自分の時間を他人に使っても意味がない（堀江）。私はその劣等感をエネルギーにした（野村）。

第9章
「選択」の巻

堀江＝片方を捨てる「トレードオフ」

野村＝勝負ごとは「決断」の連続

夢中力

35

「損切り」には勇気が必要。諸行無常、人生の大逆転

堀江

勝負ごとに「たら・れば」は禁物だが、人生は岐路の連続

野村

堀江　株式用語の「損切り」をご存知だろう。下がった株価が再び上がるのを待つと、さらに損するリスクがある。だから損を承知で株を売却してしまうことだ。

「損切り」のコツは「この段階にきたらやめる」と、勇気を持って自分の中で一線を引くこと。「せっかくここまでやってきたのに」と、未練を持つのは時間の無駄。

ビジネス用語で「トレードオフ」という言葉がある。片方を追求すれば、もう片方を犠牲にせざるをえないという関係を言う。

世の中、「諸行無常」。悪いことがあろうと、いつかよいことも巡ってくる。作家・渡辺淳一さんの『鈍感力』よろしく「失敗を忘れてしまうこと」も大事だと思う。

僕は勇気を持って、東大中退という「損切り」ができた。

しかし、ライブドア時代の2006年、「証券取引法違反」の容疑で逮捕された。無罪を主張し、容疑を否認しているうちは保釈が認められない。

「結果的に違法行為と見られても仕方ない」とサインすれば「執行猶予」がつくのに。このときばかりは意地でも「損切り」できなかった。

いつ終わるともしれぬ「独房暮らし」。外部の情報はシャットアウト。新聞の購読も許されない。人一倍「寂しがり屋」の僕にとって、「孤独」はすなわち「地獄」を意味する。次第に情緒不安定になり、睡眠薬を使用する回数が増えた。

ある夜、若い刑務官がやってきて不意に僕に語りかけてきた。

「少しなら大丈夫だから。寂しくて我慢できなければ話し相手になるから」

心が折れかかっていた僕は、布団をかぶって泣きじゃくった。

こんなこともあった。ある日、弁護士が色紙を持ってきてくれた。

そこにはライブドア社員からの応援メッセージが書かれていたのだ。

「ホリエモンの部下」というだけで、世の中から冷たい目で見られただろうに。

僕は思い切り泣いた。すべて失ったつもりでいたけど、何も失っていなかった。

あの経験があったからこそ、のちの13年以降の人生も好転、いや「大逆転」があったと思っている（13年11月刑期満了）。


野村　**「野球は失敗のスポーツ」と言う。**何しろペナントレースは6割勝てばほぼ優勝できます。負けは4割。つまり利益は2割。野球のチームはよく企業にたとえられますが、企業の利益とは普通3割でしょう。バッターなら3割打てば成功。裏返せば7割失敗しても大丈夫。こんなスポーツはほかにありません。

野球の硬式球の赤い縫い目は１０８。これは人間の煩悩と同じ数。１回表から９回裏。攻めがあれば守りもある。ピンチがあればチャンスは必ずやってくるものです。

私も女房の関係で2度、プロ野球の監督を退任しました。

1度目の南海プレーイング・マネージャーを辞めたあとは、「生涯一捕手」と頭の中を切り替え、43歳から3年間選手一本でプレーしました。

2度目の監督辞任、阪神監督を辞めたあとは、プロ野球への未練を断ち、アマチュアの社会人野球チーム・シダックスの監督をやったのです。

就任1年目の03年に「都市対抗野球」で準優勝、のちの巨人05年ドラフト1位・野間口貴彦投手がたまたま在籍していたのは幸運でした。

05年には著書『野村ノート』で、私の野球理論が再評価され、06年に東北楽天ゴールデンイーグルス監督就任となったわけです。

私は思うのです。勝負ごとに「たら・れば」は禁物だが、人生には「岐路」が繰り返しやってくる――どの球を打つか、どの選手を起用するか、判断する。

「1つを選ぶ」ということは「残り全部を捨てること」。つまり「判断」とは「捨てること」。岐路でひとたび判断を下したら「後悔」の2文字も禁句なのです。

結論

野球の硬式球の赤い縫い目は、人間の「煩悩」と同じ１０８。世の中、「諸行無常」。ピンチがあれば、チャンスは必ずやってくる。

36

堀江　妻子。人生で失った「最大のもの」

野村　世間で悪妻と呼ばれたサッチーは、私の最良の妻

堀江　1999年。僕には結婚していた時期があった。いわゆる「できちゃった婚」。

「あなたの通帳を預かったほうがいいと思うの」

僕がビジネスで億単位のお金を動かしているのを知らなかったといえ、家計簿もろくにつけたことがないような20代半ばの女性。「管理は無理だよ」と説明したのに。

「生命保険に入ってほしい。学資保険に入ってほしい」

僕は保険に入らないポリシーを掲げていることをいろいろなところで語ってきたし、残された家族が困らない程度の財産は充分に残してあげられる自信もあった。

さらに、週末は子育てへの協力を頼まれ、帰宅するのが憂鬱だった。

なぜなら当時の僕は、ネットバブルの勢いもあって忙しすぎた。1分1秒で中小企業の資産数社分の巨額のお金を動かし、心身ともに疲労困憊していたのだ。

そう言うと冷たい人間と思われるかもしれないが、事情が特殊すぎた。結局、結婚生活は2年ほど。僕たちはまだ若かったのだ。「人生最大」の「切り捨て」だった。

子どものおもちゃがなくなった殺風景な一軒家は本当に寂しかった。引き出しの中から息子の一枚の写真が出てきたとき、失ったものの大きさに打ちのめされた。

父親の役目は成人するまでの充分な教育と豊かな生活。その意味で僕は充分に愛を注いできた。

そんな話をしたあとに不謹慎だと誤解を招きそうだが、男性は結婚後も恋愛を続けたほうがいいと思う。もちろん奥さんに最大限の敬意を払うのが大前提だ。

『人は見た目が9割』という本もある。身だしなみに気をつかえば、思考停止につながる「オヤジ化」は防げる。女性にモテれば当然、奥さんにもモテる。

僕は妻がいる上で別の恋人をつくる器用な恋愛は面倒なので、独身でいて、自由な恋愛市場にいることを選んだ。


野村 「女を取るか、野球を取るのか」――私が南海のプレーイング・マネージャーを解任される前、球団フロントからそう迫られました（77年シーズン終了後）。

沙知代が現場介入をしているとの疑いをかけられたのですが、私は柄にもなく格好いいセリフを吐きました。――「恥ずかしながら女を取ります。仕事はいくらでもありますが、沙知代は1人しかいませんから」。

しかし、阪神監督も沙知代の脱税容疑で辞任。女房のせいで2度職を辞したのです。

沙知代とは再婚同士ですが、出会ったころ、英語を流暢に話す彼女は「コロンビア大卒」「社長の娘」と言い張りました。本当は福島の農家の娘です。

怒鳴りつけてやろうと何度思ったことか。でも、別れようと考えたことは一度もありません。彼女のあの口グセを聞くと不思議に安心したのです。

「何とかなるわよ」

倒れた日、１１９番に電話しました。やってきた救急隊員は言いました。

「もう手の施しようがありません」

「サッチー、サッチー」。返事はありませんでした。

思えば、沙知代が亡くなった日の朝、彼女が突然言ったのです。

「手を握って」――そんなことを言われたことは、あとにも先にも一度きり。あのとき何を思っていたのか。**世間からは「悪妻」と呼ばれたが、それは夫である私が決めること。沙知代は最良の妻でした。**

「野村克也－沙知代＝0」。何もする気が起きません。事務所からしばらく仕事をキャンセルしましょうと言われましたが、いただいていた仕事はすべてこなしました。

仕事をすることで、沙知代のいない寂しさを忘れたのです。

収入のことはすべて彼女任せ。彼女は貴金属が好きでしたが、遺品整理は息子夫婦に委ねました。私は物に執着がない。彼女の位牌ひとつと思い出さえあればいい。

結論

失って初めてわかった「大切なもの」。妻であり、子であり……。仕事で寂しさを紛らわせた。

37

堀江 「所有」と「獲得」は似て非なるものだ
野村 ホームランやタイトルは狙って獲得するものではない

堀江 僕には「所有欲」がない。年収１０００万円を超えたころから、不思議なもので物欲が消えていった。２０１１年の収監に際して六本木ヒルズのマンションを解約してから、その傾向は顕著になった。家、クルマ、時計、貴金属、トロフィー……。いわゆる「成功者を象徴する形あるもの」を持ちたくない。

現在はホテル住まいのせいもあるが、持ち物は全部でスーツケース４つ。中身はスマートフォンの充電器、最低限の着替え、ランニング用のシューズとシャツなど。

スマホは必需品だ。仕事に、遊びに、いま最も役立つツールだから。

これまで持っていなかったものを、努力の成果として手に入れた瞬間は心が満たされる。でも、それは「獲得の喜び」であり、「所有の喜び」とは違う。
さらに「獲得」は報酬になるが、「所有」は報酬にならない。そして、いったん所有すると、失うことへの不安が生じる。

野村　野球におけるバッターは「ヒット」「ホームラン」「打点」を１シーズン積み重ねていきます。最終的に数字が最も多い選手が手にするものが「タイトル」。私は１９６５年に「首位打者」「ホームラン王」「打点王」の３つを同じシーズンに獲得する「三冠王」に輝きました。

三冠王の獲得者は、過去11度で７人しかいません（巨人・中島治康、南海・野村克也、巨人・王貞治２度、ロッテ・落合博満３度、阪急・ブーマー、阪神・バース２度、ダイエー・松中信彦）。

タイトル獲得は報酬（年俸アップ）の材料となります。しかし、タイトルはその年その年で限定されたものなので、ずっと所有できるものではありません。

左打ちのバッターで、三冠王こそ獲得できませんでしたが、王貞治８６８本塁打、私

657本塁打に次ぐ史上3位の通算567本塁打を放った門田博光（南海）という選手がいました。

プロ2年目の71年、王貞治（巨人）の足を高く上げる「フラミンゴ打法」を参考に頭角を現わし、打点王を獲得（129試合打率・300、31本塁打、120打点）。

身長は170センチ。「大きい人には絶対負けたくない」が口癖で、バットをブンブン振り回すようになってしまい、私の忠告にまったく耳を貸しません。

「フルスイングしなくてもミートすれば、打球が伸びてホームランになる。コンパクトに振りなさいよ」

「嘘だ。監督だって絶対ホームランを狙っているはずだ」

私は打席に入ったら、「欲」を捨てる。バッティングは「欲」を持つといい結果が出ない。だから本当にホームランは狙っていませんでした。

だが、説得がきかず、私はほとほと参ってしまった。そこで、オープン戦で打撃練習をしていた王のところへ、門田を連れて行ったのです。

「ワンちゃん（王の愛称）って、ホームランを狙って打っているの？」

「とんでもないですよ。狙って打てるものなら、もう１０００本を超えていますよ」

「いやね、この門田が信用しないんだよ。狙ってないって言っているのにさ」

王の話を聞いても、門田は納得しないで膨れ面をしている。

「監督はずるい。王さんと口裏を合わせている」

ああ言えばこう言うのなら、いっそ反対を言ってやろう。

「おい、きょうはあんまり振り回さないやないか。もっとブンブン振らんかい！」

天邪鬼の門田は、それからは流し打ちで遊撃手頭上をライナーで越すなど、コンパクトに振るようになりました。

ホームランやタイトルは狙って獲得するものではありません。結果的に獲得できれば嬉しい。そして、タイトルを獲得することによって、結果的に「チームの優勝」に貢献し、みんなで喜びを分かち合うことこそが大事なのです。

結論

何かを「獲得」するのは喜ばしいことだが、あくまで「努力の成果」。狙って獲得するものでもないし、ずっと「所有」できるものでもない。

38

堀江 「事実」で語れないのなら、友人はいらない
野村 批判という名の「良薬は口に苦し」

堀江 小学校時代、クラスのボス的存在のY君と口論になったことがあった。発端は、開業医の息子である彼が、ドヤ顔で言った話の内容だ。

「赤ちゃんはお母さんのお腹を切って出て来るんだ」

「違うよ！」

百科事典を読んで知識があった僕は強く反論し、取っ組み合いの大喧嘩になった。帰りのホームルーム、同級生の1人が僕を擁護しようと立ち上がって言った。

「堀江君は自分の考えを正直に言って、勇気があると思いました」

「僕もそう思う」

「私も」

僕はあっけに取られた。「勇気」があるとか、ないとかの感情的、精神的な問題ではない。焦点は、単純に「事実」か、そうでないかなのだ。

クラスメイトが重視したのは、「正しい答え」ではなく、クラスのボスに反対したという「勇気」だったのだ。

このエピソードのように、世間は事実かどうかなんて重視していないことが多い。

でも、僕は子どものころから、声を大にして事実を語る性格。

だから寂しがり屋のわりには、小学校のころから友人は多くなかった。ただ、好きなことをやり続けていると、勝手に友人はできるし、集まってくるものだ。

現在の僕は１日に数本の仕事、それに伴う移動、仕事が終わってからは数本の飲み会。１か月の３分の１が東京、それ以外は日本全国・海外を飛び回る。

何年も続く友人関係は少ないが、不要になった友人や恋人は去って行き、ほしいタイミングで出会いがあるから面白い。

野村　**取材に来た野球記者が言っていました。**

「ある『日本一経験監督』で、内心は選手たちを小馬鹿にしている人が2人います。自分は野球好きなだけに、聞いていてガッカリします。実は僕だけではなく、その2人の『本質を知らなきゃよかった』という意見は、やはり他の記者連中と一致しますね。

その点、野村監督は、世間から誤解されていますよ。よく選手のことを批判するけれど、根底には『愛情』が感じられますから」と。

でも、建前で話したほうがいいんだろうなとは思いますよ。本当によくなってほしいという愛情から事実を話しても、言われるほうからしたら、そうは取らない。「良薬は口に苦し」だから。煙たがられます。

プロ野球界では「誰が何を言っていた」という話が伝わるのは思いのほか早い。しかも現在は「侍ジャパン代表選手」の横のつながりもあって、他チームの選手に情報が一瞬で伝わる時代です。それこそインターネットもあります。

私が苦言を呈した選手から、年賀状が来なくなるのは寂しいですが、私は事実を語る野球界のレジェンドとして、今後もぼやき続けます。

結論

穏便に建前で話したほうが、世間体がいいことはわかっている。だが、「事実」を言って友人知人が去っていくなら、仕方ない。根底には愛情があるのだから。

39

堀江　技術革新の可能性があった「チーム堀江」の空中分解

野村　解散した「チーム野村」が、広島初の日本一の要因

堀江　ライブドアを経営していたころ、世界屈指の技術者集団をつくり上げたことは僕の最大の自慢だった。

エンジニアやプログラマーを見つけては口説き、報酬を支払い、技術を磨き合ったのだ。その甲斐あって創業から苦節10年をかけてつくり上げたチームは、僕の大事な財産、人生の宝になった。

紛れもなく、世界有数の技術者集団だったと思う。そのままだったら、僕たちは世界が驚愕する技術革新を起こしていたかもしれない。

しかし、ライブドア事件で、僕はチームとの接触を禁じられた。携帯電話のアドレ

スも消去せざるをえなかった。空中分解だ。失われたものに興味はないが、心底悔しくてたまらない。優秀な人材が他社に流れた。

野村　**中国に「財を遺すは下、仕事を遺すは中、人を遺すを上とする」ということわざがあります。**

「利潤を追求するのが企業でありビジネスなのだから、財を遺して何が悪いのか」と読者のかたからお叱りを受けたこともありますが、やはり後世に人を遺すのが組織をまとめる者としての使命でもあります。

【主力投手―捕手】

- 70年〜77年南海8年　（69年6位→73年1位）江本孟紀投手―野村克也捕手
- 90年〜98年ヤクルト9年（89年4位→92年1位）石井一久投手―古田敦也捕手
- 99年〜01年阪神3年　（98年6位→01年6位）井川　慶投手―矢野燿大捕手
- 06年〜09年楽天4年　（05年6位→09年2位）田中将大投手―嶋　基宏捕手

南海（現・福岡ソフトバンクホークス）では、私はプレーイング・マネージャーとして１９７３年に初優勝を遂げました。

しかし私は南海監督を解任され、チームは三々五々に散ったのです。

それでも、「野村遺産」はありました。

・南海でコーチ修業をした**古葉竹識監督**が、球団創設26年目の75年に広島を初優勝させた。

・ストッパー・**江夏豊**が南海から広島に移籍し、79年に初の日本一に導いた（「江夏の21球」で有名）。

・南海の主力打者だった**柏原純一**は、81年に日本ハムの4番打者として19年ぶりのリーグ優勝に貢献。

先にも述べましたが、野球のチームをつくるには、捕手を育てるのが手っ取り早い。捕手が育てば、投手も育つ。

・ヤクルトでは**古田敦也**が93年・95年・97年の日本一の原動力となった。

・阪神では**矢野燿大**が03年と05年の優勝を支えた。
・楽天では**嶋基宏**が13年の球団創設初優勝に貢献した。

逆に私たちが去った南海ホークスは、ダイエーに買収され、1999年まで実に26年間優勝から遠ざかったのです。

結論

「チーム堀江」「チーム野村」は空中分解して他チームに流出したが、「人を遺す」（レガシー）という意味においては世の中に大いに貢献できた。

40

堀江「無駄な下積み」はナンセンスだ
野村 私の持論「鉄は熱いうちに打て」

堀江 誰にも公平に与えられる「時間」はしかし、有限だ。「時間」とは、すなわち「命」そのものだ。僕は『堀江貴文vs.鮨職人 鮨屋に修業は必要か？』（ぴあ）という本を出版している。「皿洗い」「焼き物」「包丁」「料理技術」にそれぞれ数年を要する。独立するのは40歳過ぎだなんて、ナンセンスだと思わないか。

　寿司のつくり方はユーチューブで紹介されている。寿司屋での修業なし、寿司学校で学んだだけで出店した寿司屋が、ミシュランに掲載されているのが現実。「美味しい寿司をつくりたい」のが最終目的なら、大事なのは修業期間ではないはずだ。

「自分たちが修業で苦労したのだから、後の世代も修業しないとおかしい」

前世代の人が、そう言うのはおかしい。自分たちがイヤだったことはやめないと。

僕には「所有欲」はないが、「共有欲」は強い。特に「楽しみ」を一緒に味わうのが大好きだ。クルマでも自家用機でも自分の物を知り合いに貸すことに抵抗はない。

「ビジネスはAさん」「ゴルフはBさん」「カラオケはCさん」と、楽しみの共有の幅を広げていく。楽しみが膨らむ好循環を生むからだ。

だから「宇宙事業」であっても、宇宙に行くのは僕でなくてもいい。知恵や経験をシェアして、喜びをみんなで分かち合えればと考えている。

先日会った20代の女の子の話は実に興味深かった。

「彼氏の割合は20％ぐらいでいい」

すなわち「シェアリングエコノミー」の個人的応用であり、「マインドシェア」であるわけだ。それに「一極集中」だと、何かと不自由を生むものだ。


ここで僕が何を言わんとしているか。「寿司を握る知識」だって、「独占」ではなく、「共有」してしまったらいいということだ。

野村　私が入団したころのプロ野球界では、「精神野球」が幅をきかせていました。「水を飲んではいけない」「正座しろ」。水分補給の制限や正座で野球がうまくなるわけがありません。**私の持論に「鉄は熱いうちに打て」があります。**

・テスト生で入団した私でも、プロ４年目でホームラン王のタイトルを獲得。
・野茂英雄（近鉄）は入団以来４年連続で「最多勝」のタイトルを獲得。
・松坂大輔（西武）は、入団以来３年連続で「最多勝」のタイトルを獲得。
・イチロー（オリックス）は入団３年目から７年連続首位打者。メジャー・リーグでも１年目から首位打者に輝く。

すなわち、特に「下積み」はしていないのです。
野球界でもある意味、風潮は「独占」から「共有」に向かっていますね。
（１）先発完投（９イニング）
（２）先発（６イニング）―リリーフ（３イニング）
（３）先発（６イニング）―リリーフ７回、リリーフ８回、リリーフ９回
昔のピッチャーは（１）だったのに、（２）を経て、現在は（３）です。

1961年には「鉄腕」との異名を取った稲尾和久投手（西鉄）が、78試合42勝14敗（25完投）。しかし、2019年の覇者巨人のエース・菅野智之投手は、22試合11勝6敗（3完投）。

半世紀以上を経て、時代は完全に「独占」から「共有」です。ペナントレース全143試合をシェアしているのです。

打つほうも、1965年のパ・リーグは、私が「首位打者」「ホームラン王」「打点王」の3タイトルを独占する「三冠王」でしたが、19年のパ・リーグは、「首位打者」森友哉（西武）、「ホームラン王」山川穂高（西武）、「打点王」中村剛也（西武）と3部門を3人で分け合っています。

教える側のコーチだって、技術向上のコツを入団してきた選手に「共有」させ、早く結果を出させなくては手腕を問われるというものです。

結論

「下積み」「修業」「精神論」で技術の向上に直結するのならともかく、そうでなければ不要だ。「旬」の時代がもったいない。

延長戦
育成、球団構想

堀江＝プロ野球を16球団にする

野村＝四国に新球団設立を！

夢中力

41

堀江 成功する人は、自分で勝手に成功する

野村 「イチローを育てた人」は何十人もいるらしい（笑）

堀江 僕自身は忘れていたのだが、オン・ザ・エッヂ時代、突然、僕が社員に向かってこう言ったらしい。

「1年に1度ぐらい、社員をほめるぞ」

社長にほめられたら悪い気はしない。みんなとても嬉しそうだったそうだ。

「えーと、アルバイトのS君は……、特になかったかなあ」

ガッカリしたS君だが、僕を恨まず、一念発起してニューヨークに留学し、現在では日本有数のUI／UXデザイナーに成長したと聞いた。

「あのとき堀江さんにほめられなかった悔しさを原動力にして、何とかここまできま

した」

Ｓ君は僕のおかげだと言っているらしいが、それこそＳ君の努力が結実しただけのこと。僕はまったく関係ない。

ライブドア時代は、六本木ヒルズの38階のオフィスを借りた。家賃は月３０００万円。六本木ヒルズで働くことは社員の高いモチベーションになった。だから、旧ライブドア社員で、僕の悪口を言っているという話はあまり聞かない。

先述したように、「好きな仕事ができる場」という利害関係や目的が一致すれば、会社やビジネスはうまくいくと考えていた。

「あいつはオレが育てた」という自慢話をするオジさん、カッコ悪い……。

野村 「イチローを育てた人」は、「小学校の先生」から果ては「プロ野球のコーチ・監督」まで、何十人もいるらしい。少しでもイチローと関わった人は、「自分が育てた」と自慢の種にするようです。
しかし、プロ１年目の１９９２年に私がイチローを見たとき、ドラフト４位入団な

がら「この選手は遅かれ早かれ必ず大成する」と思ったほど技術は突出していました。やはり、あの独特の「振り子打法」でブレイクしました。

シーズン210安打を打ったプロ3年目の94年から7年連続首位打者です。

高校時代にさかのぼると、イチローは「ヒットだけならいつでも打つ自信がある」と豪語していたそうです。

私はと言えば、選手への細かな技術的指導はほとんどしません。技術を教えると、「監督に教わったのに結果が出ない」と責任転嫁するものです。コツを教えることはしますが、技術は自分で習得するものです。だからこそ身につく。

私は便宜的に「育成」とか「育てる」という言葉を使いますが、本来は「育てる」なんて、おこがましい。選手は勝手に「育つ」ものです。ミーティングで選手全員に同じことを伝えている。活躍できるか否かは本人次第でしょう。

また私は「野村再生工場」というニックネームを頂戴していますが、それだって「これまで同じことをやって変わらなかったのだから、まず自分の意識を変えてごらん」とアドバイスをするだけです。

私は、「育成とは選手に自信をつけさせること」に尽きると考えています。ほめるのが1つの手段だし、その武器となるのが言葉です。声をかける「タイミング」は大切です。

野球技術が下の順から「無視」「称賛」「非難」で、選手に接することにしています。

- 「無視」――箸にも棒にもかからない選手は無視。
- 「称賛」――二流はほめて育てる。発展途上では、ほめられることで意欲がわく。
- 「非難」――一人前の選手をほめると勘違いしやすいので、非難して高みをめざさせる。

結論

「部下」や「選手」を「育てる」なんて、おこがましい。人は勝手に育つもの。技術は自ら習得するもの。その背中を少し押してあげるだけ。

42

堀江
野村

四国、北陸、東海、沖縄。セ・パに2球団ずつ増やす
チームの親会社を見れば、世の中の情勢がわかる

堀江　僕がプロ野球界への「新規参入」に動いた2004年、もとは金融機関や某球団から持ちかけられた買収話。僕が「近鉄バファローズ買収」を表明しても、なぜか水面下で以下の「既定路線」が進行していた。

（1）「オリックス・ブルーウェーブが、近鉄バファローズを吸収合併する」
（2）「ダイエーホークスが千葉ロッテ、または西武ライオンズと合併する」
（3）「12球団から10球団に減らして、1リーグ制に移行する」

結局、オリックスが近鉄を吸収合併。しかし、「選手会」が「経営者側」と団体交渉を重ね、「新球団」が参入することになった。改めてライブドアと楽天が「新規参入」

を表明。僕らの球団名は「仙台ライブドアフェニックス」だった。

プロスポーツチームは「エンターテインメント」として、必ずしも強い必要はないと思う。特に野球はビジネスの最優良コンテンツだ。

「試合」と「選手」が商品であって、「喜怒哀楽を伴う筋書きのないゲーム」はリピーターを呼べる。勝てば勝ったで「もっと応援したい」し、負ければ負けたで「もっと応援しなくては」と。大事なのはファンを多く獲得し、「経営的に強く」なること。

18年間優勝から遠ざかった阪神（85年優勝→03年優勝）、同じく25年間の広島（91年優勝→16年優勝）、同じく19年間の横浜DeNA（98年優勝→17年クライマックスシリーズチャンピオン）がいい例だ。

横浜DeNAを赤字から脱却させた池田純前社長とは懇意にしている。

04年当時、僕が提案した「試合のインターネット中継」「3イニングチケット（会社帰りのサラリーマンのための価格割引）」「選手ブログ」などは、現在どの球団でも当たり前のものとして浸透、定着した。

現在の若者は夜に2時間もテレビの前でジッと観ているというのは無理だ。スマホならインターネット中継で好きな時間に録画を観られる。16年にメガヒットした長編アニメ映画『君の名は。』は、1時間52分。「短さ」が受けたのだろう。

プロ野球活性化策として球団数増がある。四国に1、北陸に1、東海に1、沖縄にもう1つ。それをセ・リーグとパ・リーグに2球団ずつ加えて計16球団で運営する。

野村　**プロ野球チームの親会社は世相を反映します。**ひと昔前のプロ野球チームの親会社は「鉄道会社」と「新聞社」が多かったのです。

鉄道会社は阪神・国鉄（現ＪＲ）・西武・西鉄・近鉄・南海・阪急。観客を郊外の球場に連れて行って電車賃を稼ぐ。

新聞社は、読売・中日・産経・毎日。子会社のチームの監督・選手を独占取材して、新聞の娯楽面の1つである運動面に載せ、購買数を増やすため。

そして現在は楽天、ソフトバンク、ＤｅＮＡの「ＩＴ企業」が球団経営に参画。

横浜ＤｅＮＡ・池田純前社長と取材で対談したことがあります。

「10年にＤｅＮＡ監督がいなかったときは相談してくれればよかったのに」（野村）

「自分がＤｅＮＡ社長に就任したのは12年からです（苦笑）。でも、いつかそうなったらファンサービスに協力してもらえますか」（池田）

「もちろん協力するけど、いかにして客を入れるかはあなたがたの仕事、われわれは勝つのが仕事」と答えました。

高校球児が減り、「プロ野球選手になりたい」若者が減っているのは、球界ＯＢとして危機感を覚えます。ひと昔前は毎日でもナイター中継をやっていたのに。

原因の1つとして、スター選手がみなメジャー・リーグをめざしてしまい、「日本プロ野球界の空洞化」につながっているのではないかと推察します。

私の南海プレーイング・マネージャー時代は、大阪にパ・リーグの南海、阪急、近鉄の電鉄会社3球団があって、ファンが分散してしまった。「四国か、南海電鉄が通っている和歌山に球団を移転させましょう」と、球団代表に提案したものです。

結論

プロスポーツチームは「勝負」に強くなくとも、「経営的」に強いことが求められる。そうであればエンターテインメントとして成立する。

【付録】「ビジネス」としてのプロ野球

「巨人、日テレ、長嶋」は、テレビ時代のキラーコンテンツ

僕は現在、「Jリーグアドバイザー」を務めている。バスケットボールのBリーグ、卓球のTリーグと並び、日本を代表するプロスポーツの1つであるプロ野球を「スポーツビジネスの優良コンテンツ」として客観的にとらえているが、やはり思い入れは強い。

さて、**「物事の本質」がわかっている人、先見の明を持つ人が20年、30年と続くビジネスモデルをつくる。**

「テレビなんて映画に勝てるわけがない。テレビに出るのは二流の役者だ」

そんな時代にあって、当初、職業野球もバカにされていた。

そもそも「日本職業野球連盟（現・日本野球機構＝NPB）」なんていうものは「高校野球」「大学野球」と比べて最もマイナーだったわけだ。1936年（昭和11年）に発足したが、海のものとも山のものともわからなかった。

そこに官僚、政治家、実業家だった正力松太郎氏が、プロ野球のプロデューサー的存在として辣腕を振るった（読売新聞社長、日本テレビ社長）。

「立教大の長嶋茂雄がスターだから、とにかく巨人に連れてこい。そうすれば野球界は変わる。テレビという新しいメディアのキラーコンテンツになるんだ」

人気の東京六大学で8本塁打の新記録を引っ提げた長嶋さんが58年に巨人入りし、翌59年に「天覧試合」でホームランを打ったことによって、職業野球は一気にメジャースポーツに昇華する。

それがちょうど日本経済の高度成長期とテレビの普及の時期に重なって、**「巨人、日テレ、長嶋茂雄」のビジネスモデルが20年ぐらいワークした。**たった1人のスターが歴史を変えた。

しかし、あとを引き継ぐ人たちは、「物事の本質」を見極める力がなくて、従来のことをなぞり続けた。

「大変だ。これまでのビジネスモデルがうまくいかなくなった。球団を減らすしかない」

2004年の「球界再編」騒動。既得権益の奪い合いなので、パイを減らせば現状維持はできるだろう。――だが、それはすごく消極的で駄目な考え方だ。

先述したが、「12球団維持」は最低限のことで、本当はあそこで「エクスパンション(球団拡張)」をすべきだった。「福岡ダイエーホークス」の人気を見れば明らかだ。

「ダイエーってすごいことになっている。高塚猛球団社長のダイエーモデルでうまくワークしている」

球界関係者が地道に足で稼いで、現場や市民の意見を丁寧に聞いて分析していたら「物事の本質」はわかったはず。

04年シーズンを最後に近鉄バファローズがオリックス・ブルーウェーブに吸収合併され、ダイエーホークスがソフトバンクに買収された。

歴史を振り返ればその約15年前にも、「球界再編」の波が押し寄せた。88年に南海ホークスがダイエーに、阪急ブレーブスがオリックスに買収されている。

そもそも、**「鉄道会社」が「プロ野球チームを持つ意義」**は、ファンの家族を電車で球場やそこに隣接する遊園地へ連れて行き、父と息子は野球観戦、母と娘は遊園地で遊ばせて、食事をさせて、ホテルに泊まらせて料金を稼ぐという「スポーツツーリズム」の分野にある。

関東の人は、西武鉄道、所沢の「メットライフドーム」「西武園ゆうえんち」を思い浮かべれば、わかりやすい。

あのころ、関西パ・リーグに南海・阪急・近鉄の鉄道会社3チームが集中していた。しかも野球ファンは、人気のセ・リーグ阪神タイガースに流れる。

南海・阪急の鉄道事業自体は堅調だったが、バブル崩壊によりグループ会社が不動産で大赤字を出して大変なことになった。近鉄だけは持ちこたえていたが……。

もっと以前は松竹ロビンス（現・横浜ＤｅＮＡ）、東映フライヤーズ（現・日本ハム）の「映画会社」が球団経営をしていた。

プロ野球チームの親会社は、世相を反映する。現在はソフトバンク、楽天、ＤｅＮＡの「ＩＴの時代」だ。

球団を増やせば球界が発展する根拠とは？

メジャー・リーグは**「エクスパンション（球団拡張）」**により、１９６０年に全16球団だったのが、69年に全24球団、93年に全28球団、98年には現在の全30球団になった。だから選手が足りなくなった。ロイヤルズにしてもカンザスシティに野球の文化が定着していなかったので、「いきなりプロ野球チームができても選手がいないよ」みたいな話になって、世界中から獲得した。

ただ、野球をやっている国自体、東アジアと中南米とイタリアぐらい。だから日本人メジャー・リーガーが増えていった。

「北米4大プロスポーツ」*はシェアの奪い合いを続けているが、MLBがこれだけの隆盛を誇っているのは、球団数を増やしたからだ。

既存球団は、新規参入者にシェアを奪われることを危惧しているが、実際は逆で、球団数を増やせばマーケットは拡大する。全球団を「日本プロ野球株式会社」と考えるべきなのだ。

1993年に発足したJリーグも当初、1部10クラブでスタートしたが、2020年現在3部56クラブまで発展している。

日本も16球団ぐらいはできるはず。例えば四国、北陸、東海、沖縄。沖縄は台湾が近いので、台湾から選手を獲れるし、「冬季リーグ」を立ち上げられる。「米軍チーム」も面白いではないか。

---

* MLB＝Major League Baseball　NFL＝National Football League　NBA＝National Basketball Association　NHL＝National Hockey League

頑張れば20球団、台湾と韓国まで巻き込めば現在の倍、24球団「アジア・スーパーリーグ構想」を展開できる。観光も兼ねて、「スポーツツーリズム」的に。するとメジャー級の集客になる。今後、アジアのマーケットが拡大するはずなので、放映権収入を長く担える。ちょうど放映メディアの勢力が「ケーブルテレビ」から「ネット配信」に移りつつある過渡期なので、高く売れる。

もし実現すれば、レギュラーシーズンよりも、特に「プレーオフ」の放映権収入が大きな収益源になる。チームに賞金として還元もできる。これをうまい具合にまとめたら、動画配信会社とかに売れると思う。Ｊリーグはそれをやった。ＤＡＺＮと契約し、17年からの10年で約２０００億の放映権料を得られることになった。

そんな趣旨を04年当時から僕は提唱していたつもりだったが、「あいつ何を言っているの？」みたいな感じで見られた（苦笑）。

04年、僕が新規参入に手を挙げた再編騒動時、『プロ野球買います！』（あ・うん）という本を出版した。「ネットで配信して試合を見せればいい」と書いたけど、現在はもう定着していて、プロ野球が立派な「スポーツビジネス」として確立している。

「球団・球場・ホテル」の3点セットがスタンダード

野球はサッカーに比べるとアドバンテージがある。何と言っても都心にスタジアムがあるのが強みだ。広島カープしかり、ヤクルトスワローズしかり。

これこそ典型的な既得権益だ。立地条件がいいから、何もしなくても満員になる。それを考えると神宮球場に隣接する秩父宮ラグビー場はマジでどうしようもない。

翻って、サッカーのスタジアム。現在Jリーグで、代々木にある東京都の土地につくろうとしているスタジアムは、タンカーを吊り上げるクレーンの技術を用い、約４０００トンのピッチごと持ち上げてアリーナにもなる。15分で上げ下げできるクレーン設備が80億円でできる。

ガンバ大阪の「パナソニックスタジアム吹田」が１４０億円で完成しているので、合計して総工費２２０億円でできる計算。新国立競技場１５７０億円と比較してはるかに現実的だ。

「スタジアムビジネス」と「ホテルビジネス」は必ずセットだ。そういう意味で福岡ダイエーホークスはすごく先進的だった。

「球団・球場・ホテル」の3点セット。これはもう当たり前。アウェーの人は当然ホテルに泊まるわけだから。しかし当時は、「負債が多いのに」と批判されていたのだ。

楽天、横浜もホテルをつくろうとしている。日本ハムは新球場をつくる。巨人も本当は東京ドームから出たいらしい。「昭和の経営」の球団はやはり駄目だ。

池田純君が横浜ＤｅＮＡの社長だったころ、何回も飲みに行って意見をかわした。

「スタジアムビジネス」は儲かる。ＰＢ（プライベート・ブランド）商品を開発する。例えば、横浜ＤｅＮＡはクラフトビールをつくった。あれだけで2億～3億の売り上げがあるらしい。

プロ野球チームは、普通の経営さえしていれば絶対黒字化するし、儲かるのだ。

あの王貞治さんも今年はじめに「16球団構想」を提唱した。

04年の「球界再編」時、2リーグ制維持に尽力した古田敦也さんも、今年4月に「エ

クスパンション（球団拡張）に向け準備が進んでいる」ことを明かした。

僕はＪリーグのアドバイザーになっている。僕はお金もないし（笑）、プロ野球界にまた参入するというよりも、アドバイスをするのは全然やぶさかではない。

「プロ野球チームをつくったほうがいいよ」

僕はずっと前からいろいろな人に提言してきた。ＺＯＺＯ前社長の前澤友作君にも言ったし、ＲＩＺＡＰ社長の瀬戸健君にも言った。

ダルビッシュ有（日本ハム↓現・カブス）にも言った。ダルはお金があるから本当につくるかもしれない。

「オレ、日本球界のために何かできることないですかね？」

「お前、チームつくれよ。北陸あたりがちょうどいいかもよ」

堀江貴文（ほりえたかふみ）

1972年、福岡県生まれ。現在はロケットエンジン開発や、アプリのプロデュース、また予防医療普及協会の設立に携わり予防医療を啓蒙する等、様々な分野で活動する。主な著書は『多動力』『時間革命』『120歳まで生きたいので、最先端医療を取材してみた』など。その他詳細は horiemon.com　Twitter@takapon_jp

野村克也（のむらかつや）

1935年、京都府生まれ。右投げ右打ち。捕手、監督。27年間の選手生活で通算3017試合2901安打、打率.277、657本塁打、117盗塁。タイトルはMVP5度、三冠王1度、本塁打王9度、ベストナイン19度。'70年～'77年に南海（プレーイング・マネージャー）、'90年～'98年にヤクルト、'99年～2001年に阪神、'06年～'09年に楽天と、監督を歴任。24年間の監督生活でリーグ優勝5度、日本一3度。'20年2月11日逝去。

夢《む》中力《ちゅうりょく》

2020年10月30日初版1刷発行

著　者 ── 堀江貴文　野村克也

発行者 ── 田邉浩司

装　幀 ── アラン・チャン

印刷所 ── 堀内印刷

製本所 ── ナショナル製本

発行所 ── 株式会社光文社
東京都文京区音羽1-16-6（〒112-8011）
https://www.kobunsha.com/

電　話 ── 編集部03(5395)8289　書籍販売部03(5395)8116
業務部03(5395)8125

メール ── sinsyo@kobunsha.com

ISBN 978-4-334-04498-5

1072
沖縄から貧困がなくならない本当の理由
樋口耕太郎

「沖縄問題」を突き詰めることは、日本の問題を突き詰めることであり、それは、私たち自身の問題を突き詰めることだ――。「コロナ後の世界」のありかたをも問う、鮮烈の問題作。

978-4-334-04479-4

1073
ＡＶ女優の家族
寺井広樹

親にはデビュー前に話したのか、兄妹には何を伝えたのか、そして子供には自分の仕事を明かすのか？　女優たちが赤裸々に語る「家族」の話から、新しい時代が見えてくる。

978-4-334-04480-0

1074
ＡＩとカラー化した写真でよみがえる戦前・戦争
庭田杏珠　渡邉英徳

戦前から戦後の貴重な白黒写真約３５０枚を最新のＡＩ技術と、当時者への取材や資料をもとに人の手で彩色。カラー化により当時の暮らしがふたたび息づく。

978-4-334-04481-7

1075
文学こそ最高の教養である
駒井稔＋「光文社古典新訳文庫」編集部　編著

社会を、人間を、広く深く知るのに最も役立つのが文学だ――。紀伊國屋書店新宿本店の人気イベントが書籍化。名翻訳者14人が初歩的な所から語りでナビゲートする古典文学入門編。

978-4-334-04482-4

1076
天文学者が解説する宮沢賢治『銀河鉄道の夜』と宇宙の旅
谷口義明

賢治には未来が見えていた――。このユニークな童話はどのように構想され、賢治は宇宙に何を見ていたのか。これまでにないアプローチで作品の魅力に迫る。【渡部潤一氏推薦！】

978-4-334-04483-1

光文社新書

1077
南極で心臓の音は聞こえるか
生還の保証なし、南極観測隊
山田恭平

「南極大陸の奥に進むと、静かすぎて己の心臓の音が聞こえるという」——そんな伝説めいた話から南極を目指した著者による、1年4カ月の滞在記。南極観測隊のリアルが分かる一冊。

978-4-334-04484-8

1078
子規を「ギャ句」る
名句をひねると「ギャ句」になりました
夏井いつき

名句をひねって味わう遊びへの誘い。俳句の辛口先生が正岡子規をギャ句った作品を募集し採点。原句があるから誰でも始められ知識と技を同時習得。最小変化で最大効果を狙え！

978-4-334-04485-5

1079
小池百合子　権力に憑かれた女
ドキュメント東京都知事の1400日
和田泰明

【緊急出版！】メディアの特性を熟知した政治家・小池百合子。築地市場移転、東京五輪、新型コロナ対策など、4年間の彼女の実績を、「週刊文春」記者が徹底取材で明らかにする。

978-4-334-04486-2

1080
クワバカ
クワガタを愛し過ぎちゃった男たち
中村計

「クワバカ」とは、クワガタを愛し過ぎて、人生を賭してしまった男のこと。そんな男たちの人生を生き生きと描く傑作〝昆虫〟ノンフィクション、ついに刊行。クワガタ沼へようこそ！

978-4-334-04487-9

1081
新型コロナから見えた日本の弱点
国防としての感染症
村中璃子

世界の多くの国で、新興・再興感染症は国防の要である。WHOでの勤務経験を持つ医師・ジャーナリストが、新型ウイルスとの闘いを外交・国防、ビジネスの観点から捉え直し伝える。

978-4-334-04489-3

1082

「文」とは何か
愉しい日本語文法のはなし

橋本陽介

なぜ文法の授業はつまらないのか？ 本書は「文」とは何かというそもそもの話から論を起こす。誰もが退屈さを覚えた「文法」について、若き研究者がイメージを一新する。

978-4-334-04488-6

1083

面白いことは上司に黙ってやれ
日本発の新ビジネスを生み出すには？

春日知昭

日本で創造的なビジネスがうまくいかない理由とは？ ソニーでＡＩＢＯの開発などに携わったロボット開発者が、日本が世界で再び存在感を示すための考え方を記す。【松尾豊氏推薦！】

978-4-334-04490-9

1084

おとなの発達障害
診断・治療・支援の最前線

岩波明監修　小野和哉
林寧哲　柏淳ほか

ＡＤＨＤ、ＡＳＤ、ＡＤＨＤとＡＳＤの併存、発達障害と愛着障害との関連、二次障害、就職・仕事——臨床医・支援者が、最新の知見に基づき、皆さんの困りごとに答えます。

978-4-334-04491-6

1085

人生は凸凹《でこぼこ》だからおもしろい
逆境を乗り越えるための「禅」の作法

枡野俊明

人生には成功もあれば失敗もある。「凸（順境）凹（逆境）」が繰り返されることを受け止めよう。ベストセラー『心配事の9割は起こらない』の著者による、元気が出る人生論。

978-4-334-04492-3

1086

伝え方は「順番」がすべて
分単位のコミュニケーションが心を動かす

小沼竜太

圧倒的人気を誇るスマホ向けＲＰＧ「Fate/Grand Order」（通称ＦＧＯ）ほか、数々の人気ゲームのプロモーションに携わる〝ゲームの宣伝屋〟が初めて明かす「伝え方」の極意。

978-4-334-04493-0

光文社新書

1087
恋愛学で読みとく　文豪の恋
森川友義

名だたる文豪たちが小説に描いた恋ははたして妥当なものなのか。恋愛学を提唱する著者が科学的に分析し、考察する。従来の文学研究にとらわれない、知的なエンターテインメント！

978-4-334-04494-7

1088
正義を振りかざす「極端な人」の正体
山口真一

SNSでの誹謗中傷、自粛警察、不謹慎狩り、悪質クレーマー——奴らは何者か？「炎上はマスメディアが生み出す」「SNSは世論を反映しない」等、データ分析から分かった真実。

978-4-334-04495-4

1089
太田和彦のふらり旅　新・居酒屋百選
名酒放浪編
太田和彦

BS11の人気番組が1冊に！　北は札幌から南は五島まで日本全国19の街の65軒を紹介。本書片手に旅するも良し、読んで思いを馳せるのもまた良し。写真満載のオールカラー版。

978-4-334-04496-1

1090
宇宙に行くことは地球を知ること
「宇宙新時代」を生きる
野口聡一　矢野顕子
取材・文　林公代

誰もが宇宙に行ける日が近づいている——。民間による「宇宙旅行時代の幕開け」という歴史的転換点を迎えた今、宇宙飛行士とミュージシャンが宇宙体験からスペースXまでを語る。

978-4-334-04497-8

1091
夢中力
堀江貴文　野村克也

一つのことにハマり、全身全霊を捧げる。異分野の二人の共通項だ。「好きなことをやる」が成功の条件であることを彼らの生き様が証明する。突き抜けた思考に触れる読書体験。

978-4-334-04498-5